Andrea Heistinger

Das Arche Noah Gartenjahr

E-Mail: loewenzahn@studienverlag.at
Internet: www.loewenzahn.at

Buchgestaltung, Satz und Umschlag: loewenzahn/Christian Sonnewend | www.madeinheaven.at
Zeichnungen: loewenzahn/Christian Sonnewend | www.madeinheaven.at

Fotos: Markus Zuber
Umschlagfotos: Thomas Apolt

Gedruckt auf umweltfreundlichem, chlor- und säurefrei gebleichtem Papier.

Bibliografische Information Der Deutschen Bibliothek
Die Deutsche Bibliothek verzeichnet diese Publikation in der Deutschen Nationalbibliografie; detaillierte bibliografische Daten sind im Internet über <http://dnb.ddb.de> abrufbar.

ISBN 978-3-7066-2427-5

Andrea Heistinger

Das Arche Noah Gartenjahr

365 Fragen an meinen Garten

Liebe Gartenfreundin, lieber Gartenfreund!

Unzählige Gartenbücher stehen uns mit Anleitungen und Tipps für das Gärtnern zu Verfügung. Dennoch bleiben immer wieder Fragen offen. Gleichzeitig führen oft die Fragen, die sich aus dem Tun und Beobachten heraus ergeben, und die wir bewusst an unseren Garten stellen, zu einer unmittelbaren, individuellen Antwort.

Dieses Erfahrungswissen ist gerade beim Gärtnern mit seltenen Kulturpflanzen besonders wichtig. Ist doch viel Wissen über alte Sorten im Laufe der Zeit verloren gegangen oder gar bewusst aus der Gartenliteratur ausgesondert worden. Dazu kommen viele neue interessante Kulturpflanzen und auch die Veränderungen unserer Umwelt wie der Klimawandel, neu auftretende Krankheiten und andere Phänomene.

Ein Beispiel: In den letzten Jahren gibt es immer mehr Berichte über „verliebte Paprikas" – gemeint ist damit, dass eigentlich milde Sorten plötzlich Schärfe entwickeln. Die Ursache ist eine Verkreuzung von Paprika und Chili im Freilandanbau. Dabei galt der Paprika in unseren Breiten bisher als selbstbefruchtende Kulturart. Offensichtlich kam es zu einer sukzessiven Anpassung der Bestäuberinsekten. In solchen Fällen ist genaues Hinschauen gefragt, und auch die Offenheit, sicher geglaubtes Wissen zu hinterfragen.

Das „ARCHE NOAH Gartenjahr" regt genau dazu an und bietet gleichzeitig den Platz, um eigene Beobachtungen festzuhalten. So entsteht Ihr ganz persönliches Garten(tage)buch, das sicherlich beim späteren Schmökern nicht nur Aha-Erlebnisse auslösen wird, sondern auch Gerüche, Geschmäcker und Erinnerungen an manch lauen Gartenabend auferstehen lassen wird.

Ich wünsche Ihnen daher viel Freude mit diesem Buch!

Die Fotografien von Markus Zuber sind zugleich ein Vorgeschmack auf ein weiteres ARCHE NOAH Buch, das die Sortenvielfalt von über 100 Kulturarten und die Grundlagen des biologischen „Vielfaltsgärtnerns" beschreiben wird. Das Buch wird anlässlich des 20-jährigen Jubiläums von ARCHE NOAH erscheinen.

Beate Koller

ARCHE NOAH Geschäftsführerin

Fragen Sie Ihren Garten
oder
Wie dieses Buch Verwendung finden kann

Wie passionierte Gärtnerinnen und Gärtner wissen, gleicht kein Gartenjahr dem anderen. Und: Nichts ist so lehrhaft wie die eigene Gartenerfahrung. Für eigene Beobachtungen und Notizen ist im Arche Noah Gartenjahr-Buch Platz – zum Notieren von Aussaatterminen, wann es nach Langem das erste Mal wieder regnet, der erste Salat aus dem Garten oder der letzte Kürbis auf den Tisch kommt, die Beete im Herbst geräumt werden, die Gründüngung angebaut, die Paradeiser erste Krankheitssymptome zeigen, der letzte Schnee geschmolzen ist.

Wer Lust hat, kann das Arche Noah Gartenjahr-Buch über mehrere Jahre verwenden und so die Erfahrungen verschiedener Jahre miteinander vergleichen.

Das Arche Noah Gartenjahr hat 365 Tage. Jedem Tag ist eine Frage gewidmet, die man sich oder dem eigenen Garten stellen kann. Jeder Garten hat andere Voraussetzungen und jede Gärtnerin & jeder Gärtner andere Vorlieben. Jeder Garten hat viele Facetten, von denen man ihn noch neu kennenlernen kann, die man für sich entdecken kann. Die vielen Fragen sind dazu da, um Aspekte des Gartens oder der eigenen Vorlieben zu erkunden. Facetten, die vielleicht bislang nicht ins Bewusstsein gerückt sind, außerhalb des Fokus des eingeübten Gärtnerns standen. Fragen können neue Spielräume eröffnen, neue Sichtweisen, neue Erfahrungshorizonte. Praktische Fragen wie „Leben Kröten in meinem Garten?“ oder „Fliegen bereits die ersten Blattläuse?“ werden kurz erläutert. Fragen wie „Ist der Gartenboden verdichtet oder locker?“ fordern auf, die Antwort mit den Händen in der Erde selbst zu erwühlen. Auch die zauberhaften und geheimnisvollen Seiten des Gartens haben Platz: „Schläft mein Garten in der Nacht?“

Einleitend zu den einzelnen Monaten habe ich stichwortartig die Notizen aus unserem Garten zusammengefasst. Wir haben einen Gemüsegarten in Schiltern, den wir vor fünf Jahren angelegt haben. Seither bekommt unser Garten immer stärkere Charakteristika; wird, wenn man so will, immer eigenwilliger. Und wir lernen ihn von Jahr zu Jahr besser kennen, wissen immer genauer, welche Pflanzen wir unkompliziert anbauen können, welche bei uns mehr Aufmerksamkeit brauchen, und können die Unterschiede im nächsten Jahr bereits berücksichtigen. Der Dialog mit dem Garten wird jedes Jahr intensiver und die Ernten üppiger. Das ist eine der schönsten und faszinierendsten Seiten des biologischen Gärtnerns: Die Ernten nehmen von Jahr zu Jahr zu, obwohl der Garten nicht größer wird. Eben weil wir den Garten und seine Möglichkeiten besser kennen und weil der Boden durch das biologische Gärtnern fruchtbarer wird – jedes Jahr ein Stückchen mehr.

Ich wünsche Ihnen viele fruchtbare Gartenjahre,

Andrea Heistinger

Inhaltsverzeichnis

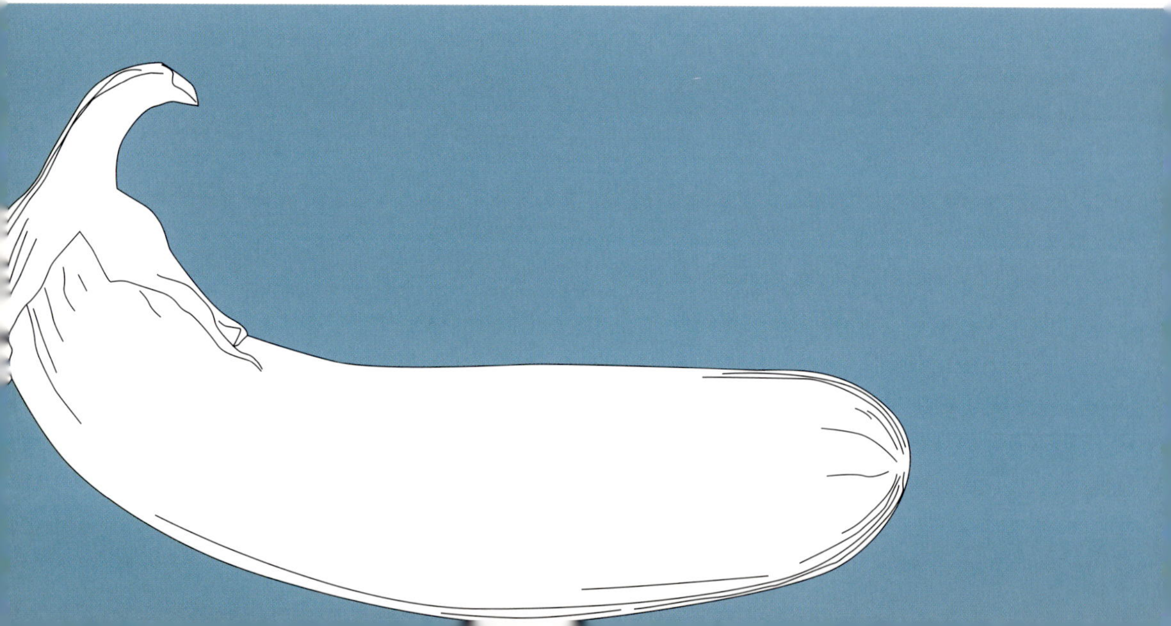

Jänner

Apfel- und Birnbäume schneiden – In den neuen Gartenbüchern schmökern – Das letzte **Saatgut dreschen**, Saatgut abfüllen und Saatgutbriefchen gut beschriften – Gießen gehen: Das Wetter ist trocken, der Boden gefroren, also braucht unser Lavendel einmal Wasser – **Gartenpläne schmieden** und Beete einteilen. Wie viel Zeit ich wohl heuer für den Garten haben werde? – Erste Aussaat: Artischocke – Die Weinstöcke schneiden – **Zitronen- und Olivenbaum** im Winterquartier **gießen** – Einen Schnittlauchstock im Garten ausgraben, in einen Topf gesetzt und ab auf die Fensterbank zum Treiben – Neugierig in den neuen Saatgutkatalogen blättern – Ich backe einen Geburtstagskuchen für die Nachbarin: Eine Sachertorte aus Einkornmehl, bestrichen mit frischer Marillenmarmelade – **Saatgut** bestellen – Der Winterschneeball blüht – Im Internet neue Gartenseiten entdecken ... Schmunzel, da gibt es eine neue Seite, auf der man Pflanzen adoptieren kann! – Hagebutten von den Wildrosen ernten und zu Marmelade und Saft verarbeiten – Phlox und Kugeldistel in Töpfe aussäen und ins Freie stellen; sie brauchen die Kälte als Reiz zum Keimen – Der **Schnittknoblauch** auf der **Fensterbank** gedeiht wunderbar – Die Vorräte an eingelegtem Paprika sind noch üppig: Schnell einen Paprika-Schafkäse-Majoran-Strudel ins Rohr geschoben – Die letzten Endivien im Frühbeet geerntet

Paradeiser ‚German Gold', ‚Ochsenherz', ‚Valencia', ‚Yellow Stuffer', ‚Banana Legs', ‚Ei von Phuket', ‚Lilac'

1. Was wünsch ich mir vom neuen Gartenjahr?

2. Was bringt das neue Gartenjahr? *»Viel Regen oder viel Trockenheit, einen langen Sommer oder einen feuchten Herbst?«*

3. Gibt es jetzt was im Garten zu tun? *»Nicht viel, das stimmt – die Gartenarbeit ist jetzt mehr Kopfarbeit: Fruchtfolgen und Pflanzgemeinschaften durchdenken, sich an die Früchte des letzten Sommers erinnern, Gartenbücher und Samenkataloge durchblättern.«*

4. Braucht der Lavendel etwas Wasser? *»Wenn kein Schnee die Pflanzen bedeckt und der Boden gefroren ist, müssen immergrüne Pflanzen wie Lavendel auch im Winter gegossen werden: Sie verdunsten weiter Wasser, kommt von unten keines nach, vertrocknen sie. Und das mitten im Winter.«*

5. Zeit für kurze Kalendernotizen? *»Wie ist an diesem Tag das Wetter, was habe ich ausgesät oder geerntet? Welche Gartenarbeiten erledigt? Was ist mir im Garten besonders aufgefallen?«*

6. Welche Karotten will ich heuer säen? *»Die große ‚Ochsenherz', die saftige ‚Valery', die Lagerkarotte ‚Rodelika', endlich einmal die ‚Syrische Violette' oder doch die gelbe Sorte ‚Lobbericher'? Wie auch immer: Karotten säen, solange die Winterfeuchtigkeit noch im Boden ist, dann laufen sie rasch auf.«*

7. Ob auch in meinem Garten Melonen reifen? *»Melonen sind wärmeliebende Pflanzen. Zucker- und Honigmelonen sind etwas weniger empfindlich als Wassermelonen: Die eher kleine Sorte ‚Streits Freiland Grüngenetzt' gedeiht auch abseits der Bestlagen. Und ist köstlich süß.«*

Verschiedene Sorten und Reifegrade des Wachspaprika

8. Verzaubere ich meinen Garten oder verzaubert mein Garten mich?

9. Welche Gartenarbeit ist mir die liebste? *»Das meditative Unkrautjäten, das kraftvolle Umstechen, das sorgsame Gießen, das behutsame Aussäen, das laut ratternde Rasenmähen …«*

10. Welche Gemüse sind im letzten Jahr gut gewachsen? *»Woran hat das gelegen? Hatte ich eine besonders gute Sorte? War der Standort besonders gut? War die Witterung besonders ideal für diese Gemüseart?«*

11. Welche Paradeisersorte hielt im letzten Jahr der Krautfäule am besten stand? *»Die Krautfäule ist in den letzten Jahren im Vormarsch. Die Pilzkrankheit macht vielerorts den Paradeiserpflanzen zu schaffen. 100 % resistente Sorten gibt es nicht.«*

12. Kann ich vorbeugend etwas gegen die Krautfäule der Paradeiser tun? *»Paradeiser nicht neben Erdäpfel pflanzen und die Paradeiser mit einem Dach vor Regen schützen sind die bewährtesten Hilfsmittel.«*

13. Möchte ich dieses Jahr ein Gartentagebuch führen? *»Die Beobachtungsgabe wird geschärft, wenn eigene Erfahrungen und Beobachtungen schriftlich, und sei es nur in Form von Stichworten, festgehalten werden. Auch lassen sich Erfahrungen über die Jahre besser vergleichen.«*

14. Ist mein Gemüsegarten groß genug? *»Wer sich zu 100 % und über das ganze Jahr mit selbstgezogenem Gemüse versorgen will, braucht ca. 35 m Gemüsegarten pro Kopf und Nase. Doch das Gärtnern sollte auch Freude machen. Und dann ist weniger vielleicht mehr.«*

Verschiedene Gurkensorten: vorne ‚Northern Pickling', Mitte ‚Limona', hinten ‚Hild's Glattschalige', links ‚Riesen Schäl'

15. Habe ich Lagergemüse im Keller? *»Im Wurzelkeller darauf achten, dass Weißkraut und Rotkraut nicht schimmeln. Befallene Blätter sorgfältig entfernen. In Regionen mit einer hohen Luftfeuchtigkeit im Winter können Dachböden besser als Keller für die Lagerung geeignet sein.«*

16. Habe ich einen grünen Daumen? *»… oder zwei? Was braucht man oder frau, damit die Pflanzen besonders gut gedeihen? Die Pflanzen in unserem Garten sind uns ja auf Gedeih und Verderb ausgeliefert. Wie teilen sie uns mit, wie es ihnen geht und was sie brauchen?«*

17. Welches ist die älteste Pflanze in meinem Garten? *»In neu angelegten Gärten gibt es meist noch keine Pflanzen. Bei einem übernommenen Garten gibt es oft einen bereits eingewachsenen Pflanzenbestand. In vielen aufgelassenen Hausgärten sind Pfingstrosen und Kren die letzten Zeugen der ehemaligen Gartennutzung.«*

18. Von wie vielen Menschen habe ich schon Gartenwissen und praktische Gartentipps gelernt? *»Gartenwissen ist großteils Erfahrungswissen. Auch wenn Gartenbücher noch so schön und hilfreich sind. Letztlich zählt, was sich im eigenen Garten bewährt.«*

19. Hält mein Garten einen Winterschlaf?

20. Welche Gemüse wollten im letzten Jahr so ganz und gar nicht gedeihen? *»Was waren die Gründe dafür? Gab es Krankheiten oder Schädlinge? Was kann ich heuer anders machen? Oder war der Sommer zu verregnet und kalt? Ist mein Garten einfach nicht geeignet für wärmebedürftige Gemüse und brauche ich also ein Gewächshaus?«*

21. Gibt es auch im Winter etwas zu ernten? *»Lauch und Krauskohl, Vogerlsalat und das Blattgemüse „Grün im Schnee“ (mit senfartigem Geschmack) können auch im Winter geerntet werden. Diese Gemüse vertragen Frost und bleiben im Beet. Geerntet werden können bei offenem Boden auch Kren, Petersilienwurzel, Pastinake und Zuckerwurzel.«*

Moschus-Kürbis *Trombolino d'Albinga*

22. Welche Paradeisersorte hat im letzten Jahr am besten geschmeckt? *»Die ‚Gelbe Dattelwein' oder ‚Green Zebra', die ‚Orange Ochsenherz' oder die ‚Russische Schönheit', die ‚Schlesische Himbeere' oder die ‚Königin der Frühen'?«*

23. Was macht ein Regenwurm im Winter? *»Im Winter ist die Aktivität des Bodens auf ein Minimum reduziert. Regenwürmer ziehen sich in tiefe, frostfreie Bodenschichten zurück.«*

24. An welche Gartendüfte aus dem Vorjahr kann ich mich erinnern? *»Jedenfalls an die stinkende Pflanzenjauche. Welche Pflanzen habe ich besonders gerne gerochen? Welche Blüten haben in der Nacht geduftet? Welche tagsüber? Gab es auch unangenehme Blüten- oder Blattdüfte?«*

25. Wann erscheint das Arche Noah Sortenhandbuch? *»Im Herbst haben die Arche Noah Gärtnerinnen und Gärtner an das Büro gemeldet, von welchen Sorten sie geerntet haben. Arche Noah fasst das Angebot jährlich im Sortenhandbuch zusammen. Es erscheint jedes Jahr Ende Jänner/Anfang Februar.«*

26. Hat mein Garten Fernweh? *»Ob unser Garten gern verreisen würde, können wir nur phantasieren. Die meisten Gemüsepflanzen können ihm viele Geschichten aus der Ferne erzählen: Der Rettich vom alten Ägypten, die verschiedenen Kürbisse aus Texas, Südmexiko, Peru und Argentinien.«*

27. Möchte ich heuer neue Gemüse ausprobieren? *»Wie wäre es mit neuen Geschmacksnuancen für gemischte grüne Salate: der scharf-würzige Blattsenf, der milde Rosetten-Pak Choi, die feinherb-nussig schmeckende Salatchrysantheme, fein-säuerliche Ampfersorten, Löffelkraut oder Barbarakraut …«*

28. Auf welchem Beet soll heuer welches Gemüse gedeihen? *»Eine gute Fruchtfolge ist das wesentlichste Element für ein gesundes Bodenleben und damit für gesunde Pflanzen. Die gleiche Kulturart soll nie am selben Beet wie im Vorjahr stehen – auch Paradeiser und Bohnen.«*

29. Ist mir die Gartensaison lang genug oder könnte sie viel länger dauern?

30. Sind die Gartengeräte für die neue Saison schon bereit? *»Im Winter ist noch Zeit zum Säubern, Schärfen, Ölen … oder brauche ich Verstärkung: Eine Pendelhacke oder einen Sauzahn, eine wasserdichte Kiste, um Saatgut für die laufenden Aussaaten gleich griffbereit im Garten lagern zu können …«*

31. Welche Stauden werden als Erstes austreiben? *»Ganz schnell treiben die Taglilien die ersten Blätter, auch die Iris lässt nicht lange auf sich warten, die Pfingstrose lässt sich etwas länger Zeit und treibt dann ganz schnell ihre Blüten.«*

Februar

In der Nacht gibt es noch strenge Fröste: Da kein Schnee liegt, decke ich die frisch gesetzten Lavendelpflanzen sicherheitshalber mit Jutesäcken ab – **Wieder viel zu viel Saatgut bestellt**, also wieder jede Menge Pflanzen zu verschenken? Oder sollen wir doch den Gemüsegarten vergrößern? – **Radieschen**, Schnittsalat und Rucola im Mistbeet **aussäen** – Zu Mittag ein Rote-Rüben-Risotto mit den letzten Roten Rüben aus dem Keller – Das neue Arche Noah Sortenhandbuch liegt im Postkasten, Lesestoff für die kommenden Tage – **Aussaaterde besorgen**, gleich einen Sack Jungpflanzenerde mitnehmen – Den Kübelpflanzen im Keller einen Besuch abstatten, sie brauchen wieder Wasser – Aus dem Schnee ragen die Ziergräser und werfen zierliche Schatten auf die Schneedecke – Am Dachboden liegt noch Zwiebel, der hält sich heuer wunderbar – **Paprika und Chili aussäen** – Im Herbst war keine Zeit mehr, den **Geräteschuppen zusammenzuräumen**, das wird jetzt in Ruhe und bei Wintersonnenschein nachgeholt – Saatgut herrichten und Etiketten beschriften – Stachel- und Johannisbeeren schneiden – Wir ernten die letzten Pastinaken im Garten – Der letzte Schnee ist weg und der Boden einigermaßen abgetrocknet, Karotten und Petersilie aussäen – **Neue Kulturschutznetze, Gartenvlies** und **Bohnenrankgitter** im Internet bestellen – Kresse und Mizuna im Frühbeet aussäen – Der Boden ist aufgefroren: **Topinambur ernten** für eine feine Cremesuppe

Verschiedene Gemüse aus der Familie der Nachtschattengewächse

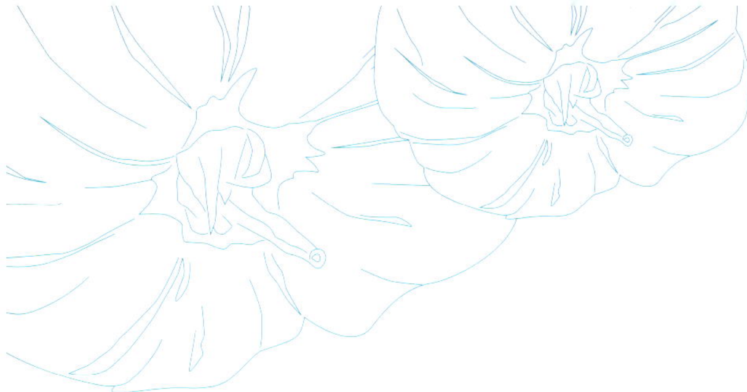

1. Haben Pflanzen eine Seele? *»Im Südtiroler Bergdorf Altrei lernte ich: „Wenn der Same nicht mehr keimt, dann hat er keine Seele mehr.«*

2. Wann beginnt das neue Gartenjahr? *»Der zweite Februar ist Lichtmess. Das neue Landwirtschaftsjahr begann vielerorts an diesem Tag, als Eröffnerin der Gartensaison gilt traditionell Gertrudis, der 17. März.«*

3. Wie stark ist der Boden noch gefroren? *»Sobald der Boden frostfrei ist, beginnen die Frühlingsblüher aus ihren Zwiebeln auszutreiben. Auch wenn sie im Erdreich noch verborgen sind: Sie warten schon in den Startlöchern.«*

4. Braucht jeder Garten einen Gartenzaun? *»Zäune hegen den Garten ein, verleihen ihm Kontur und eine sichtbare Grenze. Wenn keine Gefahr besteht, dass Rehe oder Hasen sich am saftig-süßen Salat laben, kann man auch ohne Zaun Gemüse kultivieren.«*

5. War ich mit der Beeteinteilung letztes Jahr zufrieden? *»Noch ist Zeit, sich dies zu überlegen: Sobald die ersten Gemüse ausgesät sind, lässt sich nicht mehr viel verändern. Eine Beetbreite, die für viele Gemüsekulturen gut passt, ist 1,20 Meter. Wichtig ist, dass man ein Beet gut bearbeiten kann, ohne hineinsteigen zu müssen.«*

6. Heuer einmal neue Gurken ausprobieren? *»Vielleicht die rundfrüchtige ‚Limona' oder die weißgestreifte Einlege- und Salatgurke ‚Dekan'. Auch die kleinfrüchtige Einlege„gurke" Melothria (Melothria scabra) lässt sich noch in vielen Gärten entdecken.«*

7. Zeit für ein Gartenbuch? *»Noch bleibt auch dem leidenschaftlichsten Gärtner Zeit für ein Gartenbuch. Wie wär's mit dem spannenden Buch „Der Kosmos im Garten" von Wolf-Dieter Storl oder moderne Einblicke in die Gartenarchitektur mit dem Buch „Avant Gardeners"?«*

Rote Rüben ‚Chioggia', ‚Golden', ‚Erfurter Lange', ‚Rote Kugel'

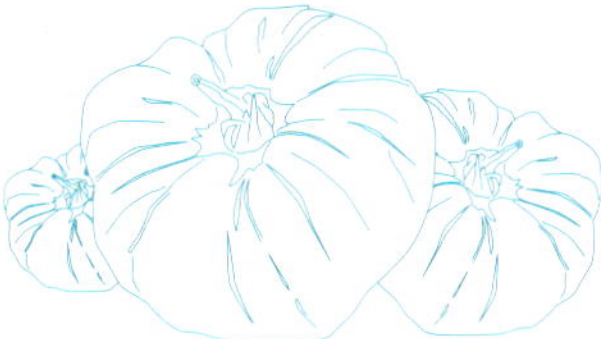

8. Vor welchem Sternzeichen steht der Mond gerade? *»In vielen Zeitschriften ist der astrologische Mondkalander angegeben. Er stimmt nicht immer mit dem astronomischen Kalender überein; die Astronomie ermittelt den tatsächlichen Stand der Himmelskörper.«*

9. Ist der Himmel heute wolkenlos? *»Warum nicht selber einen Blick in den nächtlichen Sternenhimmel werfen und lernen, die Sterne zu Sternzeichen zu verbinden?«*

10. Habe ich heuer viel Zeit für meinen Garten? *»Fallen heuer viele andere Arbeiten an, ist eine lange Reise geplant oder wird heuer neben Kind und Kegel wenig Zeit für den Garten bleiben? Vielleicht den Gemüsegarten kleiner anlegen und auf einem Teil Gründüngung anbauen?«*

11. Wie schlafen Pflanzen? *»Die Pflanzen machen Winterschlaf, ihr Stoffwechsel ist auf ein Minimum reduziert: Geborgen in Samen oder Knospen können sie in unseren Breiten den Winter überdauern.«*

12. Sind schon alle Obstbäume geschnitten? *»Ein Winterschnitt fördert das Wachstum umso kräftiger, je kräftiger geschnitten wird. Von Jänner bis zum Austrieb kann geschnitten werden, allerdings nicht bei starkem Frost.«*

13. Welche Kräuter möchte ich heuer anbauen? *»Lust auf neue Kräuter? Schon einmal Blattkoriander ausprobiert? Oder wie wäre es mit einem salatblättrigen Basilikum?«*

14. Juckt bereits der Daumen für die ersten Aussaaten? *»Einige Gemüse können bereits gesät werden: Für Paprika und Chili sowie Melanzani ist die beste Zeit Mitte bis Ende Februar.«*

Frisch geernteter Knoblauch (Erich Stekovics, Burgenland)

15. Ist schon alles Saatgut bestellt? *»Was fehlt noch für das neue Gartenjahr? Oder komme ich mit den Saatgutvorräten noch gut über die Runden? Oder kaufe ich heuer alle Jungpflanzen, weil ich keine Zeit habe, sie vorzuziehen?«*

16. Wann wird es draußen dunkel? *»Auch wenn der Winter noch für eisige Kristallnächte sorgt, die Tage werden wieder länger. Und der Frühling kommt bestimmt.«*

17. Kann alles bestellte Saatgut angebaut werden? *»Beim Blättern in den bunten Katalogen kommen Gärtnerinnen und Gärtner schnell ins Schwärmen und bestellen meist viel mehr, als je im eigenen Garten Platz finden kann.«*

18. Einmal neue Mangoldsorten ausprobieren? *»‚Bright Lights' ist ein Rippenmangold, der gelb, orange, magenta oder rot gefärbt sein kann. Auch eine Augenweide: Die rote Sorte ‚Roter Vulkan'. Mangold kann auch in Töpfen als essbare Zierpflanze angebaut werden.«*

19. Heuer einmal Ziergurken anbauen? *»Unter den Gurken gibt es einige, bislang wenig bekannte Zierformen. Sie können auch in Töpfen kultiviert werden: Etwa die gelappte Igelgurke (Echinocystis lobata) oder die Kardengurke (Cucumis dipsaceus).«*

20. Können die ersten Erbsen schon gesät werden? *»Palerbsen (auch Rollerbsen genannt) können bereits bei Bodentemperaturen von 2–5 °C gesät werden. Zucker- und Markerbsen sind etwas wärmebedürftiger und benötigen 5–8 °C Bodentemperatur.«*

21. Liegt auf den Beeten noch Gründüngung? *»Die erfrorene, nicht winterharte Gründüngung – Phazelie, Senf, Persischer Senf, Buchweizen – kann jetzt in den Boden eingearbeitet werden. Dann kann sie gut verrotten, bis Sommergemüse angebaut wird.«*

Verschiedene Sorten der Gartenbohne

22. Brauchen die Stauden einen neuen Platz? *»Im Februar können Stauden und mehrjährige Kräuter versetzt werden. Beim Setzen bedenken, wie viel Platz die ausgewachsenen Pflanzen um sich brauchen.«*

23. Was ist ein schöner Gemüsegarten? *»Ein Garten mit geordneten Beeten? Ein Garten ohne Unkraut? Ein Garten mit einer großen Vielfalt verschiedener Gemüse und Kräutern? Ein Garten mit vielen Regenwürmern?«*

24. Schon Lust auf die erste Paradeiseraussaat? *»Stopp! In den allermeisten Gegenden ist es einfach noch zu früh für die wärmeliebenden Paradeiserpflanzen. Jetzt ausgesät, werden die Triebe lang und dünn, weil die Sonneneinstrahlung noch nicht stark genug ist. Ab Ende März kann es dann losgehen.«*

25. Kann im Garten schon gesät werden? *»In milden Gegenden kann – wenn der Garten schneefrei ist – schon gesät werden: Ackerbohnen, Palerbsen, Karotten, Petersilie, Pastinake, Vogerlsalat, Gartenkresse und Radieschen. Auch Steckzwiebeln und Schalotten können schon gesteckt werden.«*

26. Liegt noch Schnee im Garten? *»Die Schneedecke schützt den Boden und spendet Feuchtigkeit.«*

27. Waren die Karotten letztes Jahr „wurmig"? *»Karotten können von der Möhrenfliege befallen werden. Deren Larven fressen in der Wurzel auch im Lager fröhlich weiter. Vorbeugend keinen frischen Mist im Garten ausbringen, in Mischkultur mit Zwiebeln säen und/oder ein Kulturschutznetz verwenden.«*

28. Gibt es Wintergemüse, die ich nicht lagern muss? *»Einige Vertreter der Kohlgemüse bleiben auch bei starkem Frost im Garten. Die Blätter des Palmkohls und des Grünkohls werden direkt von den Pflanzen geerntet. Zudem sind sie eine witzige Zierde im winterlichen Garten.«*

29. Wann war es im letzten Sommer am heißesten? *»Bei heißem und feuchtem Wetter gedeihen Pilzkrankheiten am besten; Pflanzen können vorbeugend mit einer Jauche aus Ackerschachtelhalm gestärkt werden.«*

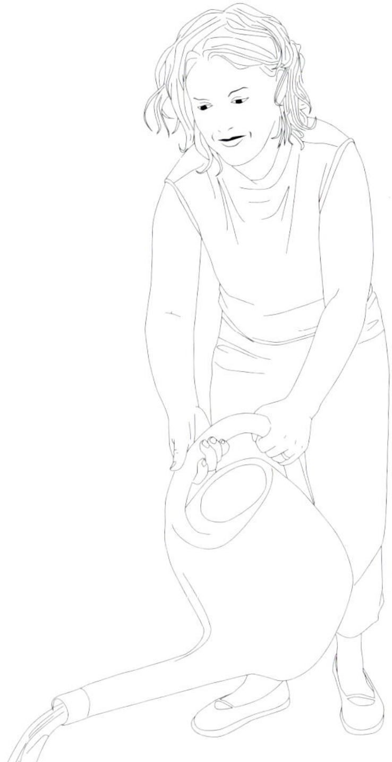

März

Kardonen haben den Winter gut überstanden, auch ohne Abdeckung; Glück gehabt – Noch immer haben wir Kürbisse vom Vorjahr: Kürbispüree für Baby Fortunat, Kürbissuppe mit Ingwer, Chili und Kokosmilch für uns, oder doch Kürbis im Speckmantel gebraten? – Paradeiser aussäen: Aussaaterde gut anfeuchten, aussäen, und mit etwas Erde übersieben – Das **Erbsenbeet mit dem Sauzahn lockern** und gleich Zucker-Erbsen anbauen – Pastinaken und Karotten säen, solange der Boden noch feucht ist – Bärlauch im Wald ernten – Heute gibt es den ersten Brennnessel-Spinat – Aus den Vogelhäusern die alten Nester ausräumen – Sträucher schneiden und Reiser gleich als **Rankgerüst für die Erbsen** aufstellen – Gemüse im Frühbeet gießen – Heute gibt es den ersten gemischten Blattsalat: Der Ampfer hat schon ausgetrieben, und im Frühbeet steht noch „Grün im Schnee“ – Puffbohnen aussäen – Wilden Vogerlsalat ernten – **Porree und Paprika pikieren**, das geht sogar mit dem Kleinen im Tragetuch gut; halt etwas langsamer als sonst – Die Schneerosen blühen – Drei neue Marillenbäume setzen; zum Angießen Wasser in den Garten schleppen; die Wasserleitung im Garten ist noch frostsicher abgedreht – Die **Pfirsichbäume** stark **zurückschneiden** – Ui, noch viel älteres Bohnen-Saatgut: Besser **einen Keimtest machen** – Kübelpflanzen aus dem Keller holen, sie wollen schon lostreiben, Feigen- und Zitronenbäume dürfen schon ins Freie – Freunde besuchen uns mit ihren Kindern: Sie wollen in den Garten. Wir legen mit ihnen ein Erbsenbeet an und bauen ein witziges Rankgerüst mit bunten Fäden

Verschiedene Sorten Melanzani/Aubergine

1. Ist der Boden bereits aufgefroren und oberflächlich abgetrocknet? *»Dann kann mit den ersten Aussaaten im Freiland begonnen werden.«*

2. Wie tief wird Gemüse in der Vorkultur gesät? *»Lichtkeimer (z.B. Salat, Basilikum, Oregano) nur oberflächlich säen und gut anpressen. Dunkelkeimer 2-3 mm mit Substrat bedecken.«*

3. Heuer Paprika selber aussäen? *»Paprika und Melanzani können jetzt schon ausgesät werden. Paprika- Samen keimen am schnellsten bei 25-28 oC und Melanzani gar bei 28-30 °C. Nach dem Keimen die Pflänzchen wieder kühler stellen.«*

4. Blühen bereits die ersten Frühlingsblüher? *»Die Zwiebeln oder Knollen sind ihr Startpaket, das sie nutzen, um auszutreiben. Lange bevor andere Pflanzen Nährstoffe aus dem Boden mobilisieren können.«*

5. Will ich heuer pikante Salate anbauen? *»Rukola hat bereits viele Gärten erobert, doch es gibt auch andere Salat-Gemüse mit pikantem oder scharfem Geschmack aus der Familie der Kohlgewächse: Mizuna, Namenia oder Senfkohl eignen sich zum Mischen mit Blattsalaten.«*

6. Welche Pflanzensorte bewährt sich schon seit Jahren in meinem Garten? *»Was in meinem Garten nie fehlen darf: Die Gurke ‚Marketmore', die Paradeiser, die ich von der Bulgarienreise mitgebracht habe, das Teekraut, Drachenkopf' und die Karotte ‚Rodelika'.«*

7. Treibt die Wiese bereits grüne Spitzen? *»Steigen die Frühlingstemperaturen an, kann man das Gras richtig wachsen hören, wie es im Volksmund heißt.«*

Sortenvielfalt von Melanzani *Solanum melongena*, rot in der Mitte: *Solanum aethiopicum*

8. Heuer einmal Teepflanze für den Kräutertee im Winter anbauen? *»Mein Lieblingstee im Winter: Zitronenverbene ist eine mehrjährige, verholzende Pflanze, deren Blätter aromatisch nach Zitrone duften und auch im getrockneten Zustand ihr Aroma behalten. Die Pflanzen sind nicht winterhart, im Topf überwintern.«*

9. Habe ich schon einmal Haferwurzel angebaut? *»Die köstliche Wurzel ist mit der Schwarzwurzel verwandt, doch im Geschmack unterschiedlich. Die großen Samen in Reihen säen. Später auf 6–10 cm ausdünnen. Im zweiten Jahr können auch die frischen Triebe gegessen werden.«*

10. Heuer einmal Knollenziest ausprobieren? *»Der Knollenziest wird über seine Knollen vermehrt, die an den unterirdischen Ausläufern sitzen. Er kann ab März gepflanzt werden. In kühleren Regionen ist eine Vorkultur in Töpfen empfehlenswert.«*

11. Sollen heuer Marillen angebaut werden? *»Marillenbäume können im Herbst oder im Frühjahr gepflanzt werden. Im Frühjahr sobald als möglich pflanzen (sobald der Boden oberflächlich abgetrocknet ist). Jedenfalls vor dem Austrieb der Knospen setzen.«*

12. Kann ich den Winterschutz von frostempfindlichen Stauden bereits entfernen? *»Die erste Frühlingswärme soll auch an die Pflanzen gelangen können. Frostempfindliche Pflanzen (zum Beispiel das ‚Tränende Herz') eventuell noch über Nacht abdecken.«*

13. Wie warm ist der Boden bereits? *»Dunkle Böden erwärmen sich rascher als helle. Jede Gemüsekultur hat eine Mindesttemperatur, die der Boden erreicht haben muss, damit die Samen keimen. Für ganz genaue GärtnerInnen: Mit einem Bodenthermometer kann man die Temperatur im Boden messen.«*

14. Sind die Karotten schon ausgesät? *»Karotten und andere Doldenblütler – Petersilie, Pastinake – bald säen, sie brauchen lange zum Keimen. Wenn nach der Aussaat der Boden rasch abtrocknet: Gießen nicht vergessen.«*

Pfefferoni (links), Wachspaprika (rechts) und Paradeisfrüchtiger Paprika (Mitte)

15. Sprießt bereits das erste Unkraut? *»Mit einer Pendelhacke lässt es sich einfach und rasch in den Boden einarbeiten. Pendelhacken sind genial einfache und günstige Werkzeuge, die eine viel größere Bekanntheit verdient haben.«*

16. Vor welchem Tierkreiszeichen steht der Mond? *»Das Jahr hat zwölf Tierkreiszeichen. Ein Tierkreiszeichen ist eine Sternbildregion, an welcher der Mond vorüberzieht und ihre Kräfte an die Erde vermittelt. Wir empfehlen den Aussaatkalender von Maria Thun.«*

17. Bereit für das neue Gartenjahr? *» Der 17. März ist der Tag der „ersten Gärtnerin", der Tag der Patronin der Gärten: Gertrude. «*

18. Möchte ich heuer Karotten vermehren? *»Meist haben sie im Keller schon losgetrieben. In einen Topf pflanzen, vorsichtig ans Licht gewöhnen und langsam abhärten. Wenn der Boden offen ist, können die Samenträger dann ins Freie gesetzt werden. Dort unbedingt angießen!«*

19. Heuer einmal Porree selber säen? *»Die Vorkultur von Porree ist unkompliziert. Ab Mitte März kann er gesät werden.«*

20. Haben Sie schon einmal Rhabarber gebleicht? *»Schmeckt köstlich und zart: Einen hohen schwarzen Eimer über die Krone des Rhabarbers stülpen – sechs Wochen später: erste Ernte.«*

21. Sind die Aussaaten gut feucht? *»Während des Keimens müssen Samen gut mit Wasser versorgt sein. Sowohl im Freiland als auch bei Vorkultur darauf achten, dass die Samen nicht austrocknen.«*

Ehemalige Mistbeete dienen zum Abhärten von Jungpflanzen (Außenstelle Zinsenhof der HBLFA Schönbrunn)

22. Ist die Petersilie kräftig und wüchsig? *»Manchmal verfällt die grüne Pracht der Petersilie von einem Tag auf den anderen: Die Blätter werden gelb und welk. Meist sind Wurzelälchen dafür die Ursache. Vorbeugend jedes Jahr einen anderen Standort wählen, Mischkultur mit Tagetes.«*

23. Welche Bodenart hat mein Garten? *»Die Beschaffenheit des Bodens, also die „Hardware" zu kennen, ist eine der wichtigsten Grundlagen des Gärtnerns. „Leichte" Böden sind sandig, „schwere" Böden lehmig. Am besten ist die Beschaffenheit des Bodens mit den eigenen Händen zu begreifen.«*

24. Wie breit sind meine Gartenbeete? *»Am besten man bemisst sie nach den eigenen Körpermaßen: Das Beet soll an allen Stellen leicht bearbeitbar sein, ohne dass man hineinsteigen muss. Die „Standardbreite" ist 120 cm.«*

25. Liegt mein Garten windgeschützt? *»Ein kleines „Lüfterl" hin und wieder schadet den Pflanzen nicht. Zu stark sollte der Garten aber nicht dem Wind ausgesetzt sein. Eine Hecke kann zum Beispiel den Wind bremsen und ein Kleinklima schaffen.«*

26. War der Schnittlauch letztes Jahr wüchsig und gesund? *»Wenn Schnittlauchpflanzen über viele Jahre an einer Stelle wachsen, geht die Wüchsigkeit zurück. Dann die Stöcke teilen und versetzen. Jetzt ist eine gute Zeit dafür.«*

27. Kamillentee aus dem eigenen Garten? *»Kamille ist eine sehr genügsame und unkomplizierte Pflanze und ein wichtiges Heilkraut vieler Bauerngärten. Einmal angesiedelt, sät sie sich in den nächsten Jahren selber aus.«*

28. Malabarspinat: Zier- oder Nutzpflanze? *»Malabarspinat ist eine rankende Pflanze, die sich an warmen Standorten wohlfühlt. Sie braucht viel Wasser und bildet laufend dickfleischige, herzförmige Blätter, die roh nach Zuckermais schmecken. Zu schön zum Essen?«*

29. Wie lange ist heute der Tag? *»Um den 20./21. März war die Zeit der Tagundnachtgleiche.«*

30. Liegt das Paradeissaatgut griffbereit? *»Ab jetzt können Paradeiser gesät werden. Flach mit Erde bedecken und bis zum Keimen warm stellen. Am schnellsten keimen sie bei 25–28 °C.«*

31. Bunte Blumen für den Balkon? *»Auch in Balkonkistchen können viele einjährige Sommerblumen gedeihen. Jetzt in Aussaatschalen aussäen und die Pflanzen dann in die Kistchen setzen: Zum Beispiel die Zwergkapuzinerkresse oder der einjährigen Phlox.«*

April

Den Zitronenbaum umtopfen und düngen, ein Rückschnitt tut ihm auch gut – Wohin mit all den Aussaaten, alle Fensterbretter sind schon vollgestellt; nächstes Jahr brauchen wir endlich ein Gewächshaus – **Jungpflanzen pikieren**, besser nur die stärksten nehmen, damit die Pflanzen beim Setzen bereits kräftig sind. Und dann gebe ich doch ein paar schwächeren noch eine Chance – Die Karotten- und Petersilaussaaten im Garten gießen gehen: Der Boden ist staubtrocken, es hat seit drei Wochen nicht geregnet – **Brokkoli- und Kohlrabipflanzen** dürfen schon **ins Beet**, vorher noch ein paar Tage unterm Vlies abhärten – Der Fenchel wird auch gleich gesetzt, nur nicht zu tief, sonst kann er keine schönen Knollen bilden – **Die Staudenbeete jäten**; Vorsicht, noch sind nicht alle Stauden ausgetrieben – Löwenzahn mit dem langen Wurzelstecher entfernen und gleich einen herb-bitteren Löwenzahnsalat aus dieser Unkrautvertilgungsaktion zubereiten – **Küchen- und Familienzwiebeln** stecken – Lavendel, Salbei und Thymian zurückschneiden; nur nicht zu zögerlich – Aussaaterde für Gurken, Kürbisse und Melonen mischen: 2 Teile Erde und 1 Teil Sand – Schade, der Gewürzfenchel hat nicht mehr ausgetrieben. Aber rundherum gehen kleine Pflänzchen auf: Es lebe die Selbstaussaat – Gartenzwerge auswintern – Ui, wie der Rhabarber gewachsen ist: Rhabarberkompott, Rhabarberkuchen, Rhabarberstrudel – Glockenrebe und Helmbohne aussäen – **Brennnesseljauche ansetzen** – Kresse im Garten aussäen – Rosen schneiden – Das erste Mal den Rasen mähen und gleich die **Beete mulchen mit dem Rasenschnitt** – Nun ist mit keinen starken Frösten mehr zu rechnen: Die Wassersaison im Garten ist eröffnet

Senfkohl (Chinesischer Kohl) *Brassica juncea*

1. Können die Paprikapflanzen schon pikiert werden? *»Bei Paprikapflanzen dauert die Vorkultur fast zwei Monate. Manche Sorten können in warmen Gegenden auch direkt im Freiland gesät werden. Doch davon können die meisten GärtnerInnen nur träumen.«*

2. Haben Sie Lust auf Dahlien oder Gladiolen? *»Wenn ja, jetzt setzen!«*

3. Will ich heuer einmal Mohn ausprobieren? *»„Mohn und Lein brauchen kalte Füße", sagt man in Südtirol. Sie können bereits bei Bodentemperaturen von 2°C keimen und haben dann einen Wachstumsvorsprung gegenüber Unkräutern. Am besten daher jetzt aussäen.«*

4. Sind Sellerie und Frühkohle schon ausgesät?

5. Auf welchen Beeten wird heuer Gründüngung gesät? *»Eine einjährige Gründüngung unterbricht Wirt-Parasit-Kreisläufe und trägt zur Gesunderhaltung des Gartens bei: Sommerwicke, verschiedene Getreide oder Gräser, Phazelia und Klee können jetzt gesät werden.«*

6. Hat der Gartenboden ausreichend Feuchtigkeit vom Winter gespeichert? *»Die Winterfeuchtigkeit ist sehr wichtig für den Boden. Darum sollte in Gegenden mit wenigen Niederschlägen der Boden im Frühling keinesfalls gewendet oder gepflügt werden. Die Feuchtigkeit entweicht dadurch rasch.«*

7. Wo ist die wärmste Stelle in meinem Garten? *»Oft gibt es auch in kleinen Gärten spürbare Temperaturunterschiede. Steine oder die Platten des Weges strahlen Wärme ab. Eine Ecke des Gartens ist windgeschützt, während an einer anderen oft der Wind bläst.«*

Blut-Sauerampfer *Rumex sanguineus var. sanguineus*

8. Heuer Lust auf essbare Blüten? *»Die Blüten vieler Gartenblumen sind nicht nur essbar, sondern köstlich: Meine persönlichen Highlights sind Dahlie, Begonie und Vexiernelke. Aber auch bei Taglilie, Rose, Ringelblume und Cosmee: reinbeißen und sich von den Geschmäckern überraschen lassen.«*

9. Wie viele Geschmäcker ich wohl heuer in meinem Garten ernten werde?

10. Habe ich viele Unkräuter im Garten? *»Eine Bodenlockerung 10–14 Tage vor der Saatbeetbereitung regt die Unkrautsamen zum Keimen an. Unmittelbar vor der Saat in den Boden eingebracht, wirkt es sogar bodenverbessernd.«*

11. Hat der Löwenzahn schon Knospen ausgebildet? *»Sie können wie Kapern verwendet werden – bissfest und aromatisch: zum Beispiel in Öl angebraten und über den Salat gestreut.«*

12. Ist der Schnee im Garten schon geschmolzen?

13. Brauchen die Paradeiserjungpflanzen wirklich jeden Tag Wasser? *»Wer seine Jungpflanzen verwöhnt, muss sie auch als Gartenpflanzen öfter gießen. Am besten nur dann gießen, wenn die Pflanzen in der Früh die Köpfe hängen lassen. Ganz austrocknen soll das Substrat im Topf aber nicht.«*

14. Getreide im Gemüsegarten? *»Getreide sind im biologischen Gartenbau ein wichtiges Elemente der Fruchtfolge. Und viele Sorten sind auch wunderschön anzusehen: Die ‚Pfauengerste' etwa oder auch der ‚Schwarze Emmer'.«*

Gründüngung (Winterwicke) und selbstgebautes Mistbeet aus alten Fenstern

15. Können die Erdäpfel bereits gesetzt werden? *»Für die Ernte als Früherdäpfel können bereits einige Knollen – unter Vlies – gelegt werden. Bester Anbauzeitpunkt ist dann Ende April/Anfang Mai, wenn sich die Böden weiter erwärmt haben. Die Mindestkeimtemperatur beträgt 8–10 °C (im Boden).«*

16. Kann das Frühbeetfenster schon abgenommen werden? *»Untertags kann man es ganz abnehmen. In vielen Lagen kann es in der Nacht noch frieren.«*

17. Summen schon die ersten Bienen? *»Sobald das Wetter für sie passt, fliegen die Bienen wieder aus. Meist sind die Blüten der Kornelkirschen die ersten, an denen sie sich dann laben können.«*

18. Fliegen bereits Marienkäfer? *»Marienkäfer sind wahre Räuber: Im Laufe ihres Lebens fressen sie mehrere tausend Blattläuse. Gar nicht so lieblich wie ihr Ruf – aber äußerst hilfreich für uns GärtnerInnen.«*

19. Welche Gemüse kann ich schon ernten? *»Zuckererbsen und Puffbohnen? Spinat und Rucola? Kresse und Radieschen?«*

20. Stehen die Jungpflanzen hell genug? *»Jungpflanzen sollen so hell als möglich und nicht direkt auf einem Raumheizkörper stehen. Sie treiben dann zu lange Triebe und hellgrüne Blätter. Außerdem erleiden sie einen „Sonnenschock", wenn sie dann ins Freie kommen.«*

21. Ist der zweite Satz Salat schon ausgesät? *»Salatsamen lieber weniger und öfter säen. Zu viel auf einmal gesät, wird auch zu viel gleichzeitig reif.«*

Geschnittene Reiser als Erbsen-Rankgerüst

22. Ist der Boden auf den Beeten verkrustet? *»„Zweimal gschert is einmal gossen", lautet eine Gärtnerregel: Besonders nach Regen ist es wichtig, den Boden zu lockern (zu „scheren"), damit die Bodenfeuchtigkeit nicht ungehindert verdunsten kann. Außerdem werden dadurch Nährstoffe mobilisiert.«*

23. Wo ist mein Lieblingsplatz in meinem Garten? *»Versteckt hinter einer Hecke? Dort, wo ich den besten Ausblick habe? Unter den schattigen Bäumen? Mitten in den Gemüsebeeten oder an den Gartenzaun gelehnt?«*

24. Treibt der Rhabarber bereits Blütenknospen? *»Die Blütenknospe des Rhabarbers kann wie Brokkoli gedünstet werden. Das Ausbrechen der Knospe lässt die Pflanze zudem mehr Kraft für die Triebe des nächsten Jahres sammeln.«*

25. Gibt es noch Jungpflanzen, die pikiert werden müssen? *»Durch das Pikieren regt man das Wurzelwachstum und damit das gesamte Wachstum der Pflanzen an. Und sie haben mehr Platz und Nährstoffe, um kräftig zu werden für den Garten.«*

26. Sind Gurken und Kürbisse bereits gesät? *»Noch ist genügend Zeit dafür. Die Aussaaterde zur Hälfte mit Sand mischen. Die Samen der Gurken sind heikel und verschimmeln rasch bevor sie keimen, wenn die Aussaat zu feucht gehalten wird.«*

27. Möchte ich im Sommer Spinatgemüse essen? *»Der gewöhnliche Spinat wächst im Sommer leicht aus. Doch Neuseeländerspinat wächst auch in der Sommerhitze und liefert köstliches Spinatgemüse. Für die Vorkultur jetzt aussäen.«*

28. Welche Tulpensorte hat bereits geblüht? *»Zwiebel- und Knollenpflanzen benötigen nach der Blüte ca. sechs Wochen, um eine neue Zwiebel für das nächste Jahr zu bilden. Dafür brauchen sie ihre Blätter. Also Finger weg! Die Blätter erst abschneiden, wenn sie vergilbt sind.«*

29. Habe ich zu viele Jungpflanzen? *»Gärtnerinnen und Gärtner, die Jungpflanzen selber ziehen, haben oft zu viele Pflanzen von einer Sorte: Sie finden nie alle in einem Garten Platz. Freuen sich die Nachbargärtner und -gärtnerinnen über ein paar Pflänzchen?«*

30. Ob heute Nacht die Hexen durch den Garten reisen? *»Die Nacht vom 30. April auf den 1. Mai ist die Walpurgisnacht.«*

Mai

Die erste **Irisblüte** öffnet sich – Die letzten Beete vorbereiten, lockern und Kompost aufbringen, darauf gleich eine Mulchschicht – Unglaublich, wie das Unkraut auf den nicht gemulchten Beeten losgetrieben ist: Was machen bloß die viele Quecken und Ackerwinden in unseren Gemüsebeeten? Mit dem Sauzahn hole ich die langen Wurzeln auch aus der Tiefe heraus – Ein Gerüst für die Stangenbohnen bauen, da leisten die hohen Bambusstäbe gute Dienste – **Busch- und Stangenbohnen aussäen**; ja, sie werden die Kirchenglocken hören, sie sind nicht zu tief gelegt – Radieschen und Kresse wieder nachsäen – Garten gießen – **Erdäpfel legen**; nur nicht zu dicht, sie brauchen ja Platz zum Wachsen – Paradeiser und Paprika in ihre Beete setzen – Pfingstrosen für die Vase schneiden; die Knospen sind jetzt groß genug, um auch in der Vase aufzugehen – Nach dem **Starkregen die Erde mit dem Sauzahn** lockern – Salat ins Freiland setzen; so, dass um jede Pflanze eine kleine Mulde entsteht, die das Wasser zurückhält; **Jeder Tropfen Nass ist kostbar** – Erste Kirschen ernten – Und wieder ein feiner Salat zum Mittagessen: Ampfer, Fenchel, Rucola, Radieschen und einen Apfel unterheben – Der Zierlauch blüht – Der Holler steht in voller Blüte: Zeit für **Holunderblütensirup** und heute backe ich einige Blüten im Palatschinkenteig heraus

Jungpflanzen am Tauschmarkt der Arche Noah am 1. Mai

1. Tag der Arbeit oder Tag der Gartenarbeit? *»Anfang Mai ist im Garten alle Hände voll zu tun. Da kommt ein Feiertag gerade recht. Für viele Gartenfreaks auch ein Fixpunkt: Der große Pflanzenmarkt bei der Arche Noah in Schiltern.«*

2. Wann schossen die Salate? *»Salate sind tageslängenabhängige Pflanzen. Wenn die Tage länger werden, gehen viele Sorten in Blüte. Doch auch bei Stress: Jungpflanzen feucht halten, nicht zu heiß stellen. Auch rasches Pikieren hilft gegen Schossen.«*

3. Wollen die Jungpflanzen schon ins Freie? *»Jungpflanzen vor dem Auspflanzen „abhärten": Sobald es die Temperaturen zulassen, ins Freie stellen, damit sich die Pflanzen an Wind, Sonne und niedrige Nachttemperaturen gewöhnen können.«*

4. Welche Kräuter brauche ich in der Küche? *»Majoran und Bohnenkraut jetzt direkt in die Beete säen.«*

5. Welches Gemüse ist schon gesetzt? *»Salat, Weißkraut, Lauch und Mangold sollten schon auf ihren Beeten gepflanzt sein. Die kälteempfindlichen müssen noch ein bisserl warten.«*

6. Ist noch mit Nachtfrösten zu rechnen? *»Empfindliche Kulturen mit einem Vlies abdecken. Ein Vlies hält die Bodenwärme des Tages in der Nacht besser zurück und die Pflanzen wachsen rascher.«*

7. Möchte ich heuer Sommerblumen in den Gartenbeeten? *»Ab Mitte Mai können die empfindlichen Sommerblumen ins Freiland gepflanzt werden: Die extravaganten Spinnenpflanzen (Cleome), die zierlichen Schmuckkörbchen (Cosmos), die eleganten Verbenen (Verbena) oder die kunterbunten Zinnien (Zinnia).«*

Saatgutbriefchen von Blumen- und Wildpflanzen, Tauschmarkt Arche Noah 1. Mai (Annemarie Gadermaier)

8. Ist bereits viel Unkraut aufgegangen? *»Mit einer Pendelhacke ist es schnell in den Boden eingearbeitet und auch gleich Pflanzenfutter für die Bodenlebewesen.«*

9. Paradeiser: am Stab oder am Boden kriechend? *»Diese Frage wird sehr kontrovers diskutiert und ist wohl nicht allgemeingültig zu beantworten. An Stäben oder Schnüren hochgezogene Pflanzen trocknen schneller ab und bleiben bei einem verregneten Sommer länger gesund.«*

10. Haben sich die ersten Irisblüten schon entfaltet? *»Das Erblühen der Irisblüten zählt zu den schönsten Blütenschauspielen des Gartens. Auch wenn es von kurzer Dauer ist. Oder vielleicht gerade deswegen.«*

11. Welche Stange braucht die Stangenbohne? *»Stangenbohnen winden sich in die Höhe. Sie brauchen Stangen mit einer rauen Oberfläche, sonst rutschen sie wieder ab.«*

12. Lust auf ein neues Knollengemüse? *»Eine interessante Pflanze mit wohlschmeckenden Knollen ist Yacón. Sie stammt aus Kolumbien, gedeiht aber auch in unseren Gärten gut. Nach dem ersten Frost ernten, eine Woche lagern. So gewinnt sie ihre charakteristische Süße.«*

13. Finden Blaumeisen eine Brutmöglichkeit in meinem Garten? *»Blaumeisen sind die fleißigsten Läusefänger. Einladen kann man sie mit einem Nistkasten. Sie brauchen Nistkästen mit kleinen Öffnungen (21 mm).«*

14. Darf das Basilikum schon in den Garten? *»Basilikum ist eine wärmeliebende Pflanze. Die Temperaturen sollten nicht mehr unter 14 °C fallen, bevor es ins Freie kommt.«*

Saatgut Bohnen und Mais, Tauschmarkt Arche Noah 1. Mai (Erich Gerencser)

15. Wachsen Bäume neben dem Gemüsegarten? *»Bäume sind keine guten Nachbarn von Gemüsepflanzen. Sie entziehen von unten Nährstoffe und von oben beschatten sie den Garten. Am besten bei einer Neuanlage von vorneherein bedenken.«*

16. Lust auf neue Salatgeschmäcker? *»Der dickfleischige Sommerportulak kann ab Mitte Mai gesät werden. Genussreif sind die Pflanzen bereits 3–4 Wochen nach der Aussaat. Das Saatgut nur schwach mit Erde bedecken!«*

17. Auf welcher Gartenpflanze sitzt der erste Marienkäfer? *»Marienkäfer sind Blattlausräuber. In einem naturnahen Garten herrscht ein Gleichgewicht zwischen Nützlingen und Schädlingen. Marienkäfer und Schwebfliegenlarven sind bereits gefräßig am Werk, sodass Blattläuse gar nicht erst zum Problem werden.«*

18. Hat der Mais letztes Jahr schöne Kolben angesetzt? *»Mais immer in mehreren Zeilen nebeneinander und im Optimalfall längs der Windrichtung setzen. Die Kolben müssen von den Nachbarpflanzen gut bestäubt werden, damit sie sich gut ausbilden können.«*

19. Sind die Roten Rüben schon gesät? *»Auch ihre Aussaat muss warten, bis die letzten Fröste vorbei sind. Die Pflanzen sind zwar frosttolerant, aber sie schossen und bilden keine Rüben, wenn sie in jungen Tagen kalte Füße abbekommen.«*

20. Sind die letzten Fröste nun vorbei? *»Die Schafskälte bringt meist keinen Frost mehr mit sich. Doch einige Pflanzen stellen kurz ihr Wachstum ein, bevor sie an den wärmeren Tagen wieder weiter sprossen.«*

21. Sollen noch ein paar blühende Rankpflanzen den Garten bereichern? *»Helmbohne, Glockenrebe, Gartenwinde, Sternwinde, kletternde Kapuzinerkresse: Diese Kletterpflanzen sind einjährig und wunderschön.«*

Stauden-Jungpflanzen, Tauschmarkt Arche Noah 1. Mai (Regina Wiklicky)

22. Was wäre der Gemüsegarten ohne Nachtschattengewächse? *»Paradeiser, Paprika und Erdäpfel: Alleine aus diesen dreien lassen sich unzählige Gerichte zaubern. Auch Andenbeere, Tomatillo und Melanzani stammen aus dieser Familie.«*

23. Nimmt der Mond ab oder zu? *»Maria Thun empfiehlt als Pflanzzeit stets die Zeit des abnehmenden Mondes, da die Kräfte stärker in die unteren Teile der Pflanze strömen und so die Wurzelbildung fördern.«*

24. Habe ich heuer neue Bäume gesetzt? *»Gießen nicht vergessen! Frisch gesetzte Bäume sollen immer wieder kräftig gegossen werden, bis die Wurzeln tief genug gewachsen sind, um das Wasser selbst aus dem Boden zu ziehen.«*

25. Blühen bereits Sterne in meinem Garten? *»Die Kugeldolden von Lauch und Zwiebel sind wunderschön anzusehen. Die Blüten des verwandten Zierlauchs Allium christophii erinnert an ein Feuerwerk. Ja, und nicht zu vergessen: Die Sterndolde Astrantia in ihrer wunderbaren Farbenvielfalt.«*

26. Kann die erste Stachelbeermarmelade eingekocht werden? *»Stachelbeeren können bereits im unreifen Zustand geerntet und eingekocht werden. Sie sollen noch hart sein, aber bereits ihre volle Größe erreicht haben. Gute „alte" Sorten sind ‚Maurers Sämling' und ‚Lady Delamore'.«*

27. Sind Gurken Kletterpflanzen? *»Gurken können ranken, sofern man ihnen die Gelegenheit dazu bietet. Das Laub trocknet besser ab und sie werden nicht so leicht von Mehltau befallen, wenn man ihnen ein Rankgerüst bietet und die Blätter so nicht direkt am Boden aufliegen.«*

28. Sind die Brennnesseln schon hochgewachsen? *»Bevor die Brennnesseln in Blüte gehen, ist die beste Zeit, um sie zu ernten und zu trocknen: Für Blutreinigungstee, Spinat, Pflanzenjauche oder als Hühnerfütter im Winter. Ist dieses Kraut eine Zauberpflanze?«*

29. Ein Sommer ohne Kopfsalat? *»Auch für den Sommer gibt es geeignete – schossfeste – Kopfsalatsorten: Zum Beispiel die Sorten ‚Merveille des quatres saisons' und ‚Maravilla de verano'.«*

30. Wie viele Farben hat mein Garten? *»Ein vielfältiger Garten ist nicht nur grün: Er sprießt und blüht in allen erdenklichen Farbtupfern.«*

31. Wo wohnen meine Gartennützlinge? *»Nützlinge sind die hilfreichen Kobolde des Gartens. Sie halten die Schädlinge in Schach.«*

Juni

Nochmals Buschbohnen aussäen – Die Schnüre zum **Aufbinden der Paradeiser** oben an den Spanndrähten und unten an den Paradeiserpflanzen befestigen – Die restlichen Jungpflanzen, die im Garten kein Platzerl mehr gefunden haben, an NachbarInnen und FreundInnen verschenken – Es regnet: Schnell die Regentonnen wieder anfüllen lassen – Salat, Salat, Salat: Die **Hauptsaison der Kopfsalate** ist angebrochen – Juhu, erste Zucchiniernte heuer, noch ganz klitzeklein, aber umso feiner – Ich ergattere eine Portion Erbsen für eine Gemüsepfanne; die meisten wandern ja direkt im Garten von der Hand in den Mund ... – Wir fahren auf Urlaub und überlassen die **Erdbeerernte** den Nachbarskindern, die uns versprechen, dafür den Garten zu gießen – Der Lavendel empfängt uns beim Nachhausekommen in voller Blüte – Der Garten ist nach den zwei Urlaubswochen kaum wiederzuerkennen; ein paar Erdbeeren sind auch noch da; dafür haben sich die Schnecken fleißig an den Gurkenpflanzen gelabt, also **nochmals Gurken aussäen** – Der Fenchel hatte es während unseres Urlaubs doch zu trocken, die meisten Fenchelpflanzen sind in Blüte gegangen; ich ernte ihn für die Hasen der Nachbarn – Kohlrüben säen – In der Nacht hat es stark geregnet – **Den Boden lockern** – **Lavendel ernten** und stark zurückschneiden, damit er im Herbst nochmals blühen kann – Die **Taglilien** beginnen zu blühen: Ich streue die süß-pfeffrigen Blüten über den Blattsalat

Rau-Beinwell (Kaukasus-Comfrey) *Symphytum ásperum*

1. Wie beschreibe ich meinen Garten einem/einer Blinden?

2. Stehen die Karotten zu dicht gedrängt? *»Jede Karottenpflanze braucht Raum um sich herum, um stark und kräftig zu werden. Meist sind sie zu dicht gesät. Da hilft dann nur das Auszupfen der „überflüssigen" Pflanzen.«*

3. Wie viele Grüntöne hat mein Garten? *»Lindgrün, mintgrün, gelbgrün, blaugrün, flaschengrün, moosgrün …«*

4. Sind die ersten Erdbeeren reif? *»Im Juni beginnt in unseren Breiten die klassische Erdbeerzeit. Sie dauert ca. sechs Wochen. Immertragende Erdbeeren und Monatserdbeeren blühen und fruchten bis in den Herbst.«*

5. Wachsen die Kräuter gut und kräftig? *»Die meisten Kräuter brauchen gar keinen Dünger. Einige wenige wie Liebstöckl, Angelika, Beinwell, Schnittlauch, Boretsch oder die Kapuzinerkresse freuen sich um diese Jahreszeit über eine stark verdünnte (1:20) Pflanzenjauche.«*

6. Hören meine Gemüsepflanzen gerne Musik? *»Kühe, die klassische Musik hören, geben mehr Milch. Wie das wohl mit den Gemüsepflanzen ist?«*

7. Lust auf Begonien? *»Begonien mit ihren großen, knallbunten Blütenblättern sind fast aus der Mode. Schade, denn die Blütenblätter schmecken köstlich fein nach Sauerampfer. Eine Retropflanze, die sich einfach wiederentdecken lässt.«*

Rote Gartenmelde *Atriplex hortensis*

8. Welche Geräusche macht mein Garten?

9. Braucht mein Garten eine Vogelscheuche?

10. Darf der Salat in Blüte gehen? *»Wenn die Salatpflanzen aufstängeln, ist die Erntezeit vorbei. Warum nicht einfach einmal eine Pflanze blühen lassen und im Sommer die Samen ernten? Ausgefallene Samen können noch einmal eine kleine Salaternte liefern.«*

11. Flattern Schmetterlinge durch den Garten? *»Disteln, Sommerflieder und Gartenastern erfreuen Schmetterlinge besonders. Die Raupen vieler Schmetterlinge brauchen die Brennnessel als Futterpflanze.«*

12. Welche Pflanze in meinem Garten riecht am intensivsten?

13. Welche Erdbeersorte schmeckt am besten? *»Viele „alte" Sorten haben einen ausgezeichneten Geschmack. Sie sind nicht lange haltbar und müssen rasch verarbeitet – oder vernascht – werden. Die Sorten ‚Mieze Schindler' oder ‚Jubilae' sind die Geschmacksfavoriten im Arche Noah Garten.«*

14. Wachsen Giftpflanzen in meinem Garten? *»Unnahbar schön sind zum Beispiel Maiglöckchen, Oleander, Eisenhut und Fingerhut. Sie sind stark giftig.«*

Kornblume *Centaurea cyanus*

15. Möchte ich auch im Herbst Salate essen? *»Ein köstlicher, leicht bitterer Herbstsalat ist der rote Radicchio. Von Mitte Juni bis Mitte Juli können die Pflanzen gesät werden.«*

16. Ist die Regentonne gut gefüllt? *»Regenwasser eignet sich am besten zum Gießen der Gartenpflanzen. Gibt es vielleicht noch eine Dachrinne, bei der ich eine Regentonne aufstellen könnte?«*

17. Wann gehen GemüsegärtnerInnen auf Sommerurlaub? *»Auch wenn der Sommer die schönste Zeit im Garten ist: Die meisten Gemüse sind nun gepflanzt und die Ernte hat noch nicht voll begonnen. Vielleicht findet sich ein Garten-Au-pair für einen Urlaub in den Bergen. Oder doch lieber ans Meer?«*

18. Sind die Erbsen schon geerntet? *»Auf den abgeernteten Beeten können noch Karotten, Salat, Kohlrabi oder andere Gemüse bestellt werden.«*

19. Brauchen meine Paprika mehr Wärme? *»In manchen Jahren macht einem die Witterung einen Strich durchs Gartenjahr. Mit kleinen Tricks kann man und frau sich ein bisschen helfen: Große Steine, um die Pflanzen gruppiert, strahlen auch nach Sonnenuntergang noch Wärme ab.«*

20. Lust auf eine letzte Rhabarberernte? *»Bis zur Sommersonnenwende sollte die Rhabarberernte abgeschlossen sein. Danach wird er unbekömmlicher, da er zunehmend die nierenschädigende Oxalsäure akkumuliert.«*

21. Sommersonnenwende! *»Nicht zu glauben: Ab heute werden die Tage wieder kürzer.«*

Mangold ‚Five Colours'

22. Will ich heuer noch einmal Buschbohnen ernten? *»Im Juni können noch einmal Buschbohnen gesät werden.«*

23. Wie schmeckt die Taglilie? *»Taglilien sind Stauden, die in vielen Bauerngärten zu finden sind. Dass man sie auch essen kann, ist weniger bekannt. Kulinarische Taglilien-Freaks können sogar Sorten an ihrem Geschmack unterscheiden.«*

24. Welche Insekten surren durch den Garten? *»Zum Beispiel die Schwarze Holzbiene? Die große, blau-schwarz schimmernde Wildbiene liebt den Duft des Muskatellersalbeis. Damit sie sich im Garten ansiedeln kann, benötigt sie Totholz.«*

25. Wollen die Paradeiser bereits ausgegeizt werden? *»Paradeiser aufbinden und ausgeizen. Mit ihren eigenen, ausgegeizten Trieben mulchen. Das Laub erkrankter Pflanzen entfernen und entsorgen (nicht auf den Kompost!).«*

26. Brauchen die Erdbeeren etwas Dünger? *»Nach der Ernte freuen sich die Erdbeeren über etwas Dünger in Form verdünnter Pflanzenjauche oder Gülle, damit sie für das nächste Jahr frische Kräfte sammeln können. Ebenso ausdünnen und mulchen.«*

27. Sind die Herbstsalate schon gesät? *»Ab Ende Juni werden Endivien, Radicchio, Blattmangold und Zuckerhut gesät. Die Saaten gut feucht halten.«*

28. Ist die Hitze des Sommers schon angebrochen? *»An den heißen Tagen ist besonders auf eine schützende Mulchschicht und die richtige Bewässerung zu achten.«*

29. Schläft mein Garten in der Nacht? *»Auch für den Sommer gibt es geeignete – schossfeste – Kopfsalatsorten: Zum Beispiel die Sorten ‚Merveille des quatres saisons' und ‚Maravilla de verano'.«*

30. Ist das Laub meiner Kartoffeln gesund? *»Wenn der Ertrag einer Kartoffelsorte von Jahr zu Jahr abnimmt, ist meistens ein Befall mit Virosen die Ursache. Das Laub schwer befallener Pflanzen ist stark gekräuselt und verkrüppelt. Solche Pflanzen entfernen.«*

Juli

Erste Ernte der Zitronenverbene – **Endivien, Zuckerhut** und **Radicchio** säen – Raschwachsende Gründüngung, also Gelbsenf auf das schon abgeerntete Erbsenbeet anbauen; im August kommen die Erdbeeren auf dieses Beet; auf das zweite abgeerntete Erbsenbeet mit dem stabilen Rankgitter setze ich Gurken; vorher noch eine Ladung Kompost in den Boden einarbeiten – **Paradeiser aufbinden** und **ausgeizen** – Die Paprika bekommen eine warme Sommerdusche aus dem aufgeheizten Gartenschlauch – Schon wieder sind drei Zucchini auf einmal reif; zu viel für uns, die wandern gleich zur Nachbarin – Paradeiser und Paprika mit Jauche düngen – Minzesirup ansetzen – Die ersten Cocktailtomaten sind reif – Auf dem abgeernteten Salatbeet den vorgezogenen Pak Choi pflanzen – Paprika und Paradeiser mit Brennnesseljauche düngen – Von den geschossenen Salaten die Stängel ernten, schälen und frisch verspeisen, die Meerschweinchen der Nachbarskinder freuen sich über den Rest – **Eine Reihe Schnittzichorie anbauen** – Die Zuckerhut- und Endivienpflanzen setzen: Die Hälfte ins Freiland – Vielleicht wird ja der Winter mild, dann sollten sie auch draußen bis ins Frühjahr überdauern; die andere Hälfte kommt ins geschützte Frühbeet – Brokkoli ernten, die Pflanzen werden doch nochmals kleine Röschen für eine zweite Ernte nachtreiben? – Rucola und **Salatsamen ernten**, einige Samen sind schon ausgefallen – **Herbstrüben säen** – Die ersten Pfefferoni sind reif, die Wachspaprika brauchen noch ein paar Tage Sonnenschein, bis sie orange gefärbt sind – **Zwiebeln** ernten

Weiße Lilie und Gelenkblume *Physostegia virginiána*

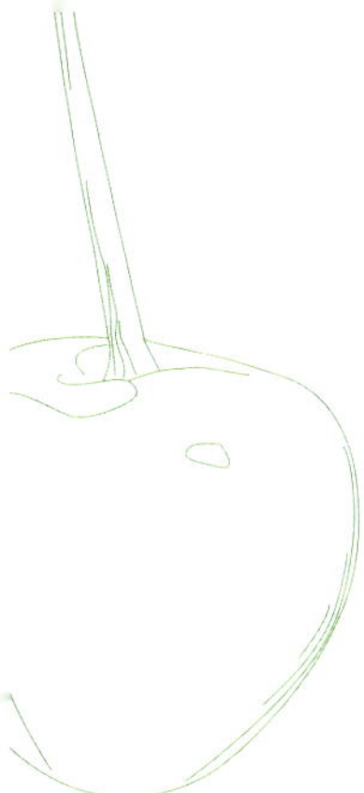

1. Sind heuer viele Kartoffelkäfer unterwegs? *»Kartoffelkäfer lassen jede Kartoffelstaude links liegen, wenn sie an einer Melanzanipflanze knabbern können.«*

2. Kann noch einmal Spargel gestochen werden? *»Kräftige Spargelkulturen können noch einmal beerntet werden. Junge und geschwächte Spargelkulturen sollten bereits seit zwei Wochen Zeit haben, um ihre Kräfte für das nächste Jahr sammeln zu können.«*

3. Ist der Komposthaufen feucht genug? *»Nur ein feuchter Komposthaufen kann gut verrotten. Nass darf er sich allerdings nicht anfühlen.«*

4. Haben die Stachelbeeren Mehltau? *»Viele „alte" Sorten sind leider anfällig gegen den amerikanischen Stachelbeermehltau. Unübertroffen sind sie in Fruchtgröße und Geschmack. Vorbeugend Triebspitzen nach der Ernte entfernen. Nähere Infos im Arche Noah Beerenbuch.«*

5. Regnet es immer wieder reichlich? *»Regen ist die beste Bewässerung für den Garten. Wie tief ist der letzte Regen in den Boden eingedrungen?«*

6. Wie geht es den Paprikapflanzen? *»Sie freuen sich über eine warme Dusche aus der Gießkanne.«*

7. Sind die Zucchini schön ausgebildet? *»Zucchini, die sich abrupt verengen, sind unzureichend bestäubt und brauchen eine Nachbarzucchinipflanze, von deren Pollen sie bestäubt werden können.«*

Blühende Küchenzwiebel mit einer Glockenwespe *Eumenes pomiformis*

8. Setzen die Kürbisse schon weibliche Blüten an? *»Nur an den weiblichen Blüten reifen Früchte. Zu erkennen sind sie am verdickten Fruchtknoten. Kürbisse und Zucchini bilden zunächst männliche Blüten und erst ein paar Tage bis Wochen später die ersten weiblichen Blüten aus.«*

9. Summen Bienen durch den Garten? *»Honigbienen sind die besten Bestäuberinnen unserer Gemüsepflanzen und sorgen für eine reichliche Frucht- und Samenernte.«*

10. Braucht der Kompost etwas Kalk? *»Kalk zwischen die Schichten des Komposts gestreut, erhöht den pH-Wert des Komposts und fördert die Verrottung.«*

11. Können die Samen des Spinats schon geerntet werden? *»Spinat ist einhäusig, die männlichen Pflanzen sterben ab, sobald sie ihre Pollen verstaubt haben; an den weiblichen Pflanzen lassen sich die Samen ernten.«*

12. Blüht der Schlafmohn bereits? *»In höheren Lagen sollte der Mohn jetzt in Vollblüte stehen, damit er noch sicher abreift.«*

13. Sind die ersten Paradeiser reif? *»In guten Paradeiserlagen sicher. In kühleren Lagen lassen sich vielleicht schon frühreife Sorten wie ‚Quedlinburger Frühe Liebe' beernten. Jedenfalls reif sind jetzt die ersten Cocktailparadeiser.«*

14. Welche Beete sind schon abgeerntet? *»Hier kann Buchweizen als Gründüngung gesät werden. Er keimt auch mit der geringen Bodenfeuchtigkeit des Sommers gut.«*

Einblick in unseren Gemüsegarten in Schiltern

15. Wie viele Zucchini sind schon geerntet? *»Zucchini sollten täglich beerntet werden. Solange man die jungen Früchte schneidet, bilden die Pflanzen laufend neue Blüten. Und die jungen Früchte schmecken auch viel besser.«*

16. Soll es im nächsten Jahr frühe Salate geben? *»Ab jetzt kann zum Beispiel Winterportulak gesät werden.«*

17. Welche Gemüse sind Starkzehrer? *»Alle Kohlarten, Kürbisse, auch Paradeiser freuen sich über ein Beet, das gut mit Kompost oder Mistgaben versorgt wurde. Während des Wachstums haben sie nichts gegen eine Beinwell- oder Brennnesseljauche.«*

18. Wo ist der kühlste Platz in meinem Garten?

19. Welche Singvögel singen in meinem Garten?

20. Ist das Salatbeet fertig beerntet? *»Rettich, Radieschen oder kleinfrüchtige Karotten könnten hier gesät werden. Oder die Herbstrübe – auch Acker- oder Wasserrübe genannt. Sie kann im Herbst sogar zu „Sauerkraut“ verarbeitet werden.«*

21. Wollen Gurken, Salat oder Sellerie gewässert werden? *»Diese Gemüse sind durstige Gartenpflanzen. Sie danken das kühle Nass, wenn sie uns als erfrischende Sommergemüse laben.«*

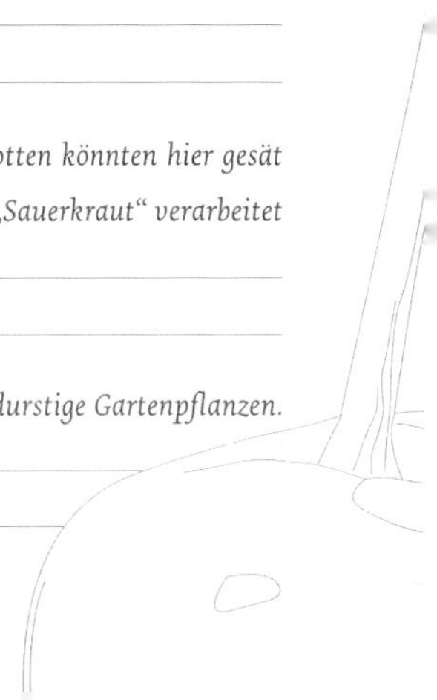

Blühender Fenchel im Schaugarten der Arche Noah

22. Hat mein Garten einen Ohrwurm? *»Ohrwürmer zählen zu den fleißigsten Nützlingen. Sie sind nachtaktiv und verstecken sich untertags. Vielleicht in einem Salatkopf?«*

23. Ist die Marillenzeit schon angebrochen? *»Frühe Sorten wie die ‚Frühmarille Kittsee' sind bereits Anfang Juli reif, mittelfrühe Sorten wie die ‚Ananas-Marille' könnten jetzt reif sein und spätere Sorten wie die ‚Ungarische Beste' lassen sich noch ein paar Tage Zeit. So die Regel … haben sich ihre Marillen heuer daran gehalten?«*

24. Sind die ersten Himbeeren reif? *»In frühen Lagen kann die bewährte Sorte ‚Malling Promise' bereits geerntet werden.«*

25. Ist der Gartenboden locker? *»Wie oft hacken nötig ist, hängt von der Bodenart und von der Witterung ab. Doch stets gilt die alte Gartenregel „Zweimal gehackt ist einmal gedüngt".«*

26. Wollen die ersten Melanzani schon geerntet werden? *»Wenn der Sommer warm genug war, tragen manche Sorten, wie ‚Benarys Blaukönigin' oder ‚Obsidian' sicher schon die ersten Früchte.«*

27. Ist der Boden verdichtet oder locker? *»Mit einer Pendelhacke lässt sich der Boden wunderbar krümelig lockern. Pendelhacken wurden von einer Schweizer Firma für den Erwerbsgartenbau entwickelt. Einfach genial.«*

28. Sind die Puffbohnen fertig abgeerntet? *»Die Pflanzen können halbhoch abgeschnitten werden. Das fördert die Bestockung und bringt eine zweite Ernte.«*

29. Welche Küchenkräuter lassen sich noch ernten und für den Winter trocknen?

30. Sind die ersten Brombeeren schon reif? *»In frühen Lagen kann die Sorte ‚Navaho' bereits geerntet werden. Reichtragende Triebe anbinden. Sonst braucht diese aufrechtwachsende Sorte keine Unterstützung.«*

31. Habe ich Rainfarn in meinem Garten? *»Im Gemüsegarten soll er abseits stehen, er wirkt wachstumshemmend auf andere Pflanzen.«*

August

Der Garten ist ein Paradeiserparadies: Die ersten Fleischparadeiser sind reif, die Cocktailparadeiser haben jede Menge Ertrag – Spinat aufs abgeerntete Salatbeet in Reihen aussäen – Nochmals eine letzte **Jauchegabe** für die Paprika und Paradeiser – Rasen mähen und mit dem Rasenschnitt die Beete **mulchen** – Die Zucchinipflanzen haben nochmals durchgetrieben – **Majoran ernten** und trocknen – Erdbeeren setzen – Die ersten Melanzani ernten; viel sind es nie, aber ein paar werden doch immer reif – Eine Holzbiene fliegt von einer Blüte des Muskatellersalbei zur anderen – Rettiche für die Herbsternte aussäen – Endlich hat es wieder geregnet, gleich den Boden scheren, damit das Wasser im Boden bleibt; von einem alten Bauer aus dem Nachbarort haben wir ein selbstgeschweißtes Gerät zum Unkraut-Scheren erstanden, das ist einfach das beste – **Saatgut** von Ringelblumen und Drachenkopf **abnehmen** – Die Fenchel- und Karottensamen sind erntereif – Fein, heuer hält sich die Krautfäule bei den Paradeisern in Grenzen; das Schutzdach aus den alten Fenstern hat sich bewährt – Wir bekommen feinen Ziegenfrischkäse geschenkt; ich **ernte** den ersten **Radicchiosalat**, der ist noch etwas klein, doch gemischt mit dem Ziegenkäse, ein bisschen Salz und Pfeffer, Balsamico und Olivenöl drüber: Köstlich! – **Buschbohnenvollernte**: Ich blanchiere die Fisolen kurz im Wasserdampfbad, lasse sie abkühlen und ab in die Gefriertruhe für die Wintertiefkühltruhenernte

Bohnen-Vielfalt im Schaugarten der Arche Noah: Feuerbohne (rechts) und Gartenbohne

1. Wie duftet mein Garten in der Nacht? *»Einige Pflanzen verströmen in der Nacht ihren Duft und ziehen Nachtfalter an: Zum Beispiel die Nachtkerze.«*

2. Ob auch in meinem Garten Artischocken wachsen? *»In Gegenden mit milden Wintern können die mehrjährigen Pflanzen unter einem Winterschutz überdauern. Geschickte GärtnerInnen haben auch in Gegenden mit tiefen Wintertemperaturen wirkungsvolle Kälteschutzmethoden entwickelt.«*

3. Haben die Melanzanipflanzen genügend Wasser? *»Wenn Melanzani zu trocken stehen, werden die Früchte bitter.«*

4. Wie viele Rottöne finde ich in meinem Garten? *»Orangerot, kirschrot, dunkelrot, weinrot, rosarot …«*

5. Sind die Schnecken heuer besonders lästig? *»Was tun gegen Schnecken? Wer ein wirksames Allheilmittel gegen dieses Plagetier erfindet, würde sicher die Herzen vieler GemüsegärtnerInnen erobern. Haben Sie eine erfolgreiche Methode entwickelt?«*

6. Muss der Boden gelockert werden? *»Am besten abends hacken, dann kann der Boden Feuchtigkeit aufnehmen. Am Morgen gehackt, verliert er Feuchtigkeit.«*

7. Tragen die Monatserdbeeren reichlich Früchte? *»Monatserdbeeren sollten im Gegensatz zu ihren großfrüchtigen Verwandten eher karg stehen. Sie fruchten besser, wenn sie nicht allzu üppig ernährt werden.«*

Hausgarten von Traude Strohhofer in Schiltern

8. Welcher Kobold wohnt im Guten Heinrich? *»Heinrich oder Heinzelmännchen sind alte Namen für einen Kobold. Ein Wichtel, der den Menschen hilft und schaut, dass die Dinge ihren rechten Gang gehen.«*

9. Wie viele Insekten tummeln sich auf den Porreeblüten? *»Porree- und Zwiebelblüten ziehen viele Insekten magisch an. Hin und wieder übernachtet sogar eine Hummel auf einer der schönen Kugeln.«*

10. Wie lange halten Schnittblumen in der Vase frisch? *»Wichtig ist, dass Blumen unmittelbar nach dem Schneiden eingewässert werden und mindestens 1/3 des Laubes entfernt wird. Alle 2–3 Tage das Wasser wechseln und frisch anschneiden verlängert die Lebensdauer in der Vase.«*

11. Soll der Boden um die Himbeeren gelockert werden? *»Himbeeren bilden ein flaches Wurzelwerk aus. Bodenbearbeitung behagt ihnen ganz und gar nicht. Viel mehr freuen sie sich über eine Mulchschicht. Sie erhält die Bodenfeuchtigkeit.«*

12. Haben sich die Kürbisse verkreuzt? *»Die Sorten einer Kürbisart können sich verkreuzen: so der Ölkürbis mit den meisten Zierkürbissen. Oder der ‚Atlantische Riese' mit dem ‚Turbankürbis'. Was da wohl Neues entsteht?«*

13. Braucht mein Garten eine Mulchschicht? *»Eine Mulchschicht kann zum Beispiel aus getrocknetem Grasschnitt aufgebracht werden: Darunter bleibt die Erde feucht und warm. Und: Der Boden ist vor Regengüssen geschützt.«*

14. Sind die Bohnen fadig? *»Fadenlose Bohnen sind der Wunsch jedes Kochs und jeder Köchin. Für die Pflanzen sind die Fäden wichtig: Sie sind das Stützgerüst der Hülse. „Ältere" Sorten bilden oft auch Fäden aus. Jung geerntet sind die Hülsen meist noch fadenlos.«*

Unter einem Dach bleiben Paradeiserpflanzen von der Krautfäule verschont

15. Trägt mein Spargel rote Früchte? *»Ältere Spargelsorten sind zweihäusig: es gibt „Spargelweibchen“ und „Spargelmännchen“. Nur die Weibchen setzen rote, kugelrunde Früchte an. Die im Handel erhältlichen Sorten bestehen nur aus männlichen Pflanzen, sie setzen mehr Spargeltriebe, aber keine Früchte an.«*

16. Sollen die Himbeeren geschnitten werden? *»Himbeeren tragen am zweijährigen Holz. Dieses nach der Ernte abschneiden. Zweimal tragende Sorten (‚Zefa Herbsternte‘, ‚Fallgold‘ oder ‚Romy‘) tragen auch am einjährigen Trieb; sie können bis in den Oktober beerntet werden.«*

17. Sitzen Wanzen an meinen Gemüsepflanzen? *»Einige Wanzenarten sind in den letzten Jahren zu Problemschädlingen geworden. An Paradeisern und an Kohlgewächsen können sie, wenn sie massiv auftreten, Schäden anrichten. Sie saugen den Saft aus den Pflanzen.«*

18. Wachsen in meinem Garten Stinkepflanzen? *»Einige Pflanzen verströmen wahrlich keinen angenehmen Geruch. So riecht die Margerite „streng“. Doch es gibt auch Pflanzen, die nach Ziegenbock oder Asphalt stinken. Ob dafür ein Plätzchen im Garten ist?«*

19. Brauchen die Kiwis einen Rückschnitt? *»Kiwis fruchten am zweijährigen Astabschnitt. Im Sommer den Fruchttrieb fünf Augen nach der letzten Frucht zurückschneiden, nach der Ernte zwei Knospen vor der Schnittstelle. Im Winter die ganzen abgetragenen Ruten entfernen.«*

20. Vogerlsalat für die Frühlingsernte? *»Vogerlsalat kann im August und September gesät werden.«*

21. Finden Vögel Wasser in meinem Garten? *»Wenn Vögel im Garten Wasser finden, pecken sie weniger Äpfel an.«*

Mangold ‚Feurio', Kardone, blühender Salat, Rote Gartenmelde

22. Haben die Wurzeln der Gemüsepflanzen genügend Luft zum Atmen? *»So paradox es klingt: Auch Wurzeln brauchen Luft zum Atmen. Dafür muss der Boden locker und krümelig sein. Verdichtete oder wassererfüllte Böden können nicht atmen. Regelmäßig den Boden lockern hilft den Pflanzen beim Wachsen.«*

23. Wächst Senf in meinem Garten? *»Wer Senf – zum Beispiel als Gründüngung – angebaut hat, kann einmal versuchen, selbst eine Salatmarinade daraus zu bereiten: Ein Teelöffel Senfsamen zerstoßen, mit Wasser und Olivenöl zu einer glatten Creme verrühren.«*

24. Wie schmeckt der Phlox? *»Die wunderbare Gartenstaude ist nicht nur wunderschön anzusehen, sie schmeckt auch köstlich, wie viele Menschen aus ihren Kindheitserinnerungen wissen. Am besten die einzelnen Blüten direkt im Garten vernaschen.«*

25. Welches ist das süßeste Gemüse in meinem Garten? *» Kann Gemüse süß sein? Wer Andenbeeren angepflanzt hat, wird sogleich auf diese tippen.«*

26. Wo trägt der Flaschenkürbis Flaschen? *»Flaschenkürbisse (Lagenarien) sind keine Speisekürbisse. Das Fruchtfleisch trocknet nach der Reife aus und lässt einen Hohlraum – die Flasche – entstehen. Je nach Sorte auch einen Weinheber, einen Schöpflöffel oder eine Schale.«*

27. Wie heiß und trocken ist dieser Sommer?

28. Sind die Johannisbeeren schon geschnitten? *»Johannisbeeren können ab August geschnitten werden. An den zwei- und dreijährigen Trieben hängen die schönsten Früchte! Triebe, die älter als drei Jahre sind, bodennahe abschneiden.«*

29. Wachsen in meinem Garten Geilwurz und Stehwurzel? *»Diese Namen bezeichnen den Sellerie, der einmal als männliches Aphrodisiakum galt.«*

30. Schon Moschuserdbeeren im Garten? *»Die Moschuserdbeere ist eine alte Kulturpflanze und heimische Wildart. Ihre Früchte sind sehr aromatisch und doppelt so groß wie Walderdbeeren. Sie heißt auch „Zimterdbeere", „Muskatellererdbeere" und „Honigerdbeere".«*

31. Kann ich schon Mangoldsamen ernten? *»Mangold kann leicht vermehrt werden. Jedoch nur eine Sorte pro Jahr, auch Rote Rüben dürfen nicht gleichzeitig im Garten blühen. Die Samen reifen nach und nach. Abstreifen und in einem Baumwollbeutel trocknen.«*

September

Basilikum zu frischem Pesto verarbeiten – Bis spät am Abend 30 Gläser eingelegte Paprika eingekocht, die restlichen Paprika geschnitten und eingefroren – **Vogerlsalat** und **Spinat** im **Gewächshaus säen** – Ob noch Zeit für ein, zwei Gartenbesuche ist, bevor das Gartenjahr vorbei ist – Ein neues **Staudenbeet** im Halbschatten des Hauses **anlegen**; endlich ein Platzerl für meine geliebten Silberkerzen – Die abgeernteten Gemüsebeete mit **Gründüngung** versorgen – Zwetschkenernte: Zwetschkenstrudel, Zwetschkenkuchen, Lamm mit Zwetschken und Paprika, **Zwetschken dörren** für die Speckzwetschken im Winter und den Zwetschkenmilchreis – Die Weingartenpfirsiche sind auch schon reif; heuer werden sie wieder zu Kompott und Marmelade verarbeitet; ich lege Kerne auf die Seite, um junge Bäume zu ziehen – Ups, wo ist der letzte Mangold hin verschwunden? Es waren wohl die Hasen, die ihn vor mir geerntet haben? – Heute kaum Zeit zum Kochen, also schnell ein **Garten-Fastfoodgericht**: Couscous mit frischem Salat, ein paar Speckwürfel rösten und einen Paprika schneiden und anschwitzen, marinieren, fertig – Nun werden wohl die ersten Fröste kommen; also ernten wir die letzten Paradeiser und Paprika und räumen gleich die Beete – Die noch grünen Paradeiser zum Nachreifen auflegen – Heuer setze ich wieder ein paar neue **Tulpenzwiebeln**

Kardone *Cyanara cardunculus*

1. Sollen die Pfingstrosen verpflanzt werden? *»Pfingstrosenstöcke werden umso schöner, je länger sie an einer Stelle stehen. Müssen sie doch einmal ihr angestammtes Plätzchen verlassen: Jetzt ist die beste Zeit zum Verpflanzen.«*

2. Welche Beete sind schon abgeerntet? *»Auf Beeten, die bereits abgeerntet sind, kann noch eine Gründüngung gesät werden. Sie verbessert die Bodenstruktur und bringt Leben in den Boden.«*

3. Welche Gründüngung soll ich säen? *»Wenn auf dem Beet im folgenden Jahr erst ab Mai gepflanzt wird, eignen sich überwinternde Gründüngungen (zum Beispiel eine Rotklee-Gras-Mischung). Sollen Frühkulturen angebaut werden, muss sie abfrieren (zum Beispiel Buchweizen oder Phazelie).«*

4. Lust auf stachellose Brombeersorten? *»Mittlerweile gibt es einige stachellose Sorten. Wir empfehlen die frühreife Sorte ‚Navaho', die schottische Sorte ‚Loch Ness' und die großfruchtige Sorte ‚Jumbo'.«*

5. Will ich ein Hügelbeet anlegen? *»Der optimale Zeitpunkt ist der Herbst. Hügelbeete bieten mehr bepflanzbare Oberfläche, die Pflanzen werden von unten durch die Rotteprozesse „erwärmt" und es werden über die Jahre Nährstoffe freigesetzt.«*

6. Sind alle Samenstände schon geerntet? *»Manche Samenstände wollen bei feuchtem Herbstwetter einfach nicht abreifen: Zum Beispiel die des Brokkoli. Vor dem ersten Frost die Pflanzen aus der Erde ziehen und verkehrt an einem frostfreien Ort nachreifen lassen.«*

7. Sind schon alle Kräuter geerntet? *»Spätestens jetzt sollen alle einjährigen Küchenkräuter wie Basilikum, Majoran oder Estragon geerntet sein. Sie verlieren deutlich an Würze.«*

Federkohl ‚Hoher Roter Krauser‘

8. Wie viele Regenwürmer sind mir schon in der Gartenerde begegnet? *»Regenwürmer hinterlassen den besten Gartendünger. Die für die Bodenfruchtbarkeit wichtigen Ton-Humus-Komplexe kommen vorwiegend durch diese kleinen Helfer zustande.«*

9. Brauche ich eine Himbeersorte für raue Lagen? *»Eine „alte", sehr widerstandskräftige Sorte ist ‚Winklers Sämling'. Ihre dunkelroten Früchte sind klein, aber sehr saftig und aromatisch. Die Sorte trägt eine Ernte pro Jahr. Auch für trockene Gebiete geeignet.«*

10. Wann ist meine Lieblingstageszeit im Garten? *»In der Morgendämmerung, wenn der Garten gerade erwacht; am Vormittag, wenn es noch nicht so heiß ist; im klaren Licht der Mittagshitze; am Nachmittag, bevor die abendliche Mückenplage losgeht; am Abend nach der Hitze des Tages …«*

11. Lust auf Knoblauch? *»Knoblauch ist nicht nur eine würzende Zutat zu vielen Gerichten. Auch im Garten ist er eine Bereicherung. Leicht zu kultivieren, fordert er nur unsere Geduld heraus: Jetzt gesetzte Brutzwiebeln sind erst im übernächsten Jahr erntereif. Dazwischen hält er Vampire fern.«*

12. Will ich nächstes Jahr viele frische Erdbeeren? *»Immertragende Erdbeeren können auch im September noch gepflanzt werden. Sie wachsen schwächer als ihre einmal tragenden Verwandten und können enger gesetzt werden (20 cm).«*

13. Reifen in meinem Garten keine Melanzani? *»In höheren und kühleren Lagen muss man auf sie verzichten; ein ähnliches Gewächs aus der Familie der Nachtschattengewächse ist da unkomplizierter, da sie gleich zubereitet werden kann: die Tomatillo, auch Bergmelanzani genannt.«*

14. Wie schmecken die Dahlien? *»Die prall gefüllten Blüten der Dahlien schmecken köstlich. Bitte nicht über den Gartenzaun beim Nachbar in die Dahlien-Staude beißen.«*

Der einjährige Garten-Rittersporn *Consolida ajacis*

15. Haben die Karotten grüne Schultern? *»Manche Sorten neigen dazu, „grüne Schultern" auszubilden: Das oberste Ende der Karotten ist dann nicht schön orange, sondern grasgrün gefärbt und schmeckt auch grasig und unreif. Diese Karotten beim Auslesen nicht weitervermehren.«*

16. Soll nächstes Jahr die Salaternte schon im April beginnen? *»Den älteren Gärtner und Gärtnerinnen ist er meist bekannt: der Wintersalat. Er wird im September gesät und ist dann ab April erntereif. Erhältlich zum Beispiel bei der Firma ReinSaat.«*

17. Sind die Gemüsebeete noch von einer Mulchschicht eingepackt? *»Sobald das Gemüse abgeerntet ist, kann auch die Mulchschicht in den Boden eingearbeitet oder kompostiert werden, damit sie verrotten kann.«*

18. Wie kalt wird es in der Nacht? *»Vielerorts können ab September die Temperaturen bis auf den Gefrierpunkt sinken. Frostempfindliche Topfpflanzen wie Passionsblumen und Bougainvillee müssen dann ins Winterquartier. Zitrusbäume, Oliven und Oleander vertragen auch einige Minusgrade.«*

19. Sind die Sonnenblumen schon reif? *»In den großen Blüten der Sonnenblumen sitzen viele Kerne. Die ganzen Blütenböden können getrocknet und im Winter zum Beispiel an einem Eisenstab in die Bäume gehängt werden. Die Vögel werden es Ihnen danken.«*

20. Sollen im Garten neue Stauden gesetzt werden? *»Stauden sind mehrjährige, nicht verholzende Pflanzen, die sich in einer dem Standort entsprechenden Artenauswahl zu lange beständigen Gestaltungen entwickeln. Jetzt ist Staudenpflanzzeit! Bei der Auswahl darauf achten, dass die Stauden zu unterschiedlichen Zeiten blühen.«*

21. Wie färbt der Herbst meinen Garten ein?

Japanische Weinbeere *Rubus phoenicolásius*

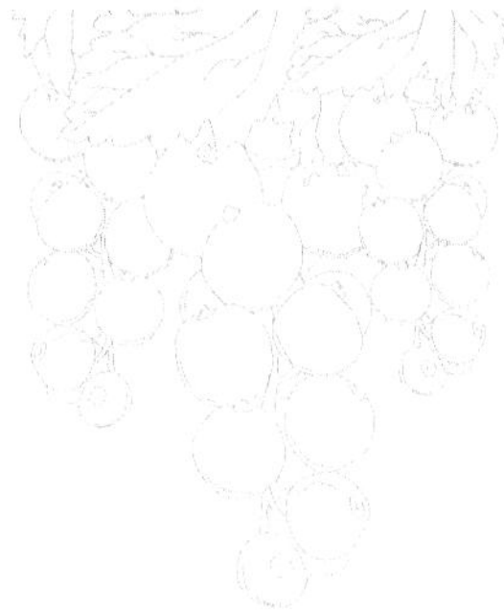

22. Wohin mit all den Paradeisern und Zucchini? *»Ein praktisches und köstliches Allroundrezept für in Gläser eingelegtes Gemüse: 65 % Wasser, 20 % Essig (milder Apfel- oder Weinessig), 10 % Zucker, 5 % Salz. Gemüse in Gläser schichten, übergießen und pasteurisieren.«*

23. Bilden meine Krenpflanzen gerade Wurzeln aus? *»Meist stehen Krenpflanzen über viele Jahre im Garten an derselben Stelle. Sie bilden dann stark verzweigte Wurzeln aus. Wer gerade Wurzeln ernten will, kann jetzt Wurzelstecklinge schneiden. Näheres im Handbuch Samengärtnerei.«*

24. Duftet mein Kompost nach Walderde? *»Guter Kompost riecht nach Waldboden, dann ist er reif. Ein sicheres Zeichen, dass die Rotte abgeschlossen ist, ist auch der Rückzug der Regenwürmer.«*

25. Neue Frühlingsblüher für den Garten? *»Im September und Oktober werden die Zwiebeln der Frühlingsblüher gesetzt. Kleinzwiebeln wie Krokus werden 5 cm tief gesetzt. Tulpen kommen 10 cm tief in die Erde. Etwas Sand im Pflanzloch begünstigt das Anwurzeln.«*

26. Haben die Brombeeren reichlich gefruchtet? *»Brombeeren gehen nach zwei Jahren in den Vollertrag. Die abgeernteten Ruten Ende September/Anfang Oktober dicht über dem Boden abschneiden.«*

27. Wo sollen nächstes Jahr die Tulpen blühen? *»Seit wenigen Jahren sind auch Bioblumenzwiebeln erhältlich: Der holländische Züchter Wim Postema kultiviert diese „Ecobulbs“.«*

28. Bleiben ein paar Tulpenzwiebeln für die Haustreiberei übrig? *»Die „Haustreiberei“ von Zwiebelpflanzen lässt sich leicht praktizieren: Einen Topf mit Topferde oder groben Sand füllen und die Zwiebeln setzen. Tulpen brauchen dann 14 Wochen „Ruhe“ bei unter 10 °C. Danach in einen warmen Raum stellen.«*

29. Haben die Topinamburpflanzen mit der Blüte abgeschlossen? *»Dann können die ersten Knollen aus der Erde geholt werden. Im Keller sind sie nicht gut lagerbar. Daher am besten immer frisch ernten und verarbeiten. Auch im Winter, wenn der Boden offen ist.«*

30. Bei welchem Gärtner oder bei welcher Gärtnerin möchte ich gerne in die Lehre gehen? *»Beim wilden Gärtner Orlando Furioso, bei der Biogemüsebäuerin Marion Aigner, bei Klara Aichner, die im Südtiroler Sarntal viele Lokalsorten anbaut, beim Arche Noah Obmann Peter Zipser, bei den Osttiroler Permakulturbauern Sepp und Margit Brunner …«*

Oktober

Walnüsse täglich einsammeln und im Heizraum trocknen; wenn ich sie nicht täglich aufsammle, schnappt sich unsere Hündin die Nüsse – **Die letzten Beete abräumen**, die Paprikapflanzen kommen auf den Kompost, die Paradeiserpflanzen werden wir vorsichtshalber verbrennen, damit die Sporen der Braunfäule nicht auf den Kompost und dann wieder in den Garten wandern – Heuer ernten wir jede Menge Andenbeeren – **Gartenwerkzeug** säubern, ölen und verräumen – Einen Endiviensalat mit Äpfeln und Nüssen zubereiten – Die letzten Paprikafrüchte versorgen: Waschen, schneiden und portioniert in die Tiefkühltruhe geben – Die restlichen **Gemüsebeete** mit Grasschnitt **mulchen**; auf diesen Beeten ist im Frühjahr die Erde immer besonders locker – Die Quitten zu Chutney und Kompott verarbeiten – Birnen ernten und heuer im Dachboden einlagern; im Keller haben sie letztes Jahr gar nicht gut gehalten – Zu Mittag **Kürbissuppe** aus dem feinen grünen Hokkaido und Kürbisbabybrei für Fortunat – Eine neue Himbeerpflanzung anlegen (wie heißt nochmals die Sorte, die uns letztes Jahr im Arche Noah Beerennaschgarten so gut geschmeckt hat?) – Endlich: Heute gemeinsam mit meinem passionierten Tischleronkel eine kleine **Gartenhütte** aufgestellt; nun sind Werkzeug und Gartenutensilien gut versorgt – Ui, die Weintrauben sind reif und die Stare schon fleißig am Ernten, also heute **Weintraubenernte** für Gelee und Traubensaft – Die Kürbisse auf dem Kompost sind gut gewachsen, zwei haben sich unter der Rosenhecke versteckt – Noch immer kein Frost: Die **Dahlien** stehen noch in voller Blüte, also noch einen Blattsalat mit Dahlienblütenblättern

Ein Blick in den Arche Noah Schaugarten Ende August

1. Frische Erdbeeren im Oktober? *»Monatserdbeeren fruchten von Juni bis zum ersten Frost. Ihre Früchte sind kleine, aber feine Geschmacksexplosionen. Monatserdbeeren stammen von der Walderdbeere ab und haben deren guten Geschmack geerbt.«*

2. Wie fruchtbar ist mein Garten? *»Gärten, die gut bewirtschaftet werden, werden von Jahr zu Jahr fruchtbarer. So schreibt die „Mutter der Mischkultur" Gertrude Franck, dass sie ihren Gemüsegarten jedes Jahr verkleinern konnte, weil die Erträge jährlich anstiegen.«*

3. Wo kann ich die Speisekürbisse lagern? *»Die optimale Lagertemperatur für Kürbisse ist niedrige Raumtemperatur, also 15–18 °C. Die Früchte sind auch schön anzusehen: Vielleicht findet sich in einem kühlen Wohnraum ein Plätzchen?«*

4. Welche Stauden möchte ich versetzen? *»Ende September/Anfang Oktober lassen sich viele Stauden gut teilen, verjüngen und versetzen.«*

5. Welche Stauden blühen gerade in meinem Garten? *»Viele Stauden blühen bis zum ersten Frost. Andere Stauden bilden schöne Fruchtstände aus, die bis in den Winter hinein schön sein können.«*

6. Muss der Gartenzaun repariert werden? *»Wer jetzt keine Lust dazu hat, kann auch noch auf das Frühjahr warten.«*

7. Sind noch unreife Paradeiser im Garten? *»Wie wäre es mit einer grünen Paradeisermarmelade? Die Früchte können auch im Warmen noch nachreifen (sofern sie ihre volle Größe erreicht haben und gesund sind).«*

Hausgarten von Soizig Paget in Diendorf am Kamp

8. Habe ich Feuerbohnen im Garten gepflanzt? *»Die Wurzelstöcke der Feuerbohnenpflanzen können vor den ersten Frösten ausgestochen und frostsicher in Töpfen überwintert werden. Anfang bis Mitte Mai werden sie wieder ausgepflanzt.«*

9. Freue ich mich, dass das Gartenjahr zu Ende geht?

10. Ist die Ernte des Rhabarbers zurückgegangen? *»Wenn ja, jetzt den Stock mit einem scharfen Messer in faustgroße Stücke à 2–3 Knospen teilen.«*

11. Habe ich Zeit, noch eine Gründüngung auszusäen? *»Auf den geernteten Beeten kann noch eine Gründüngung gesät werden: zum Beispiel eine Mischung aus Hafer/Roggen und Wicke/Erbse.«*

12. Steht noch Mangold im Garten? *»Die bunten Blattstiele vieler Sorten sehen auch im Spätherbst hübsch aus. Sie können bis in den Frühling geerntet werden. Bei strengen Frösten ohne Schneedecke brauchen sie allerdings einen Winterschutz.«*

13. Ob die Erdmandeln schon geerntet werden können? *»Nach dem ersten Frost oder wenn das Gras der Erdmandeln vergilbt, ist es Zeit für die Ernte. Aufwändig ist dann die Reinigung der unterirdisch gewachsenen Knollen. Doch eine köstliche Ernte belohnt die Mühen.«*

14. Frischen Schnittlauch für den Winter? *»Eine kräftige Schnittlauchpflanze mit Erdballen ausstechen, rückschneiden und durchfrieren lassen. Eintopfen und am Fensterbrett antreiben.«*

Hausgarten von Lukas Heilingsetzer in Ofenbach/Thernberg

15. Stehen im Garten noch Salate? *»Vor den ersten tiefen Frösten können Endivien und Radicchio getopft werden und für einige Wochen an einem kühlen, trockenen Ort aufgehoben werden.«*

16. Wo darf Laub liegen bleiben? *»Laub ist auf vielen Staudenbeeten ein guter Winterschutz, der am besten erst im Frühling entfernt wird.«*

17. Sollen neue Obstbäume gepflanzt werden? *»Im Herbst gepflanzte Bäume haben im Frühjahr bereits neue Wurzeln ausgebildet und einen Wachstumsvorsprung. Vor allem Kernobst soll daher im Herbst (Ende Oktober bis Mitte November) gesetzt werden.«*

18. Will ich auch einen Marillenbaum setzen? *»Das wärmeliebende Steinobst (Kirschen, Marillen, Zwetschken) nur in besten Lagen im Herbst pflanzen, ansonsten auf das Frühjahr warten.«*

19. Haben die Herbststauden ihre Blüte abgeschlossen? *» Bei milder Witterung setzen meist noch einige Nachblüher ein paar Farbtupfer in den Garten.«*

20. Sind alle nicht winterharten Pflanzen versorgt? *»Alle nicht winterharten, mehrjährigen Pflanzen frostsicher versorgen: Zitronenverbene und Rosmarin, Feige und Olivenbaum, Orangen- und Zitronenbaum …«*

21. Habe ich von der guten Paprikasorte Samen abgenommen? *»Paprika (samenfeste Sorten!) lassen sich sehr leicht vermehren. Die Samen aus vollreifen Früchten schaben und trocknen. Die reifen Samen sind leicht gelblich.«*

Rosenkohl, verschiedene Sorten

22. Welcher Speisekürbis hat den besten Geschmack? *»Viele zur Dekoration im Garten aufgestellte Kürbisse haben einen ausgezeichneten Geschmack: der orange, flache ‚Rote Zentner' zum Beispiel oder die Turbankürbisse. Der erste Frost zerstört die Frucht, ob sie da nicht besser in die Küche wandert?«*

23. Ist die Gemüseernte abgeschlossen?

24. Welche Farben hat der Herbst in meinen Garten gezaubert? *»Jedenfalls an die stinkende Pflanzenjauche. Welche Pflanzen habe ich besonders gerne gerochen? Welche Blüten haben in der Nacht geduftet? Welche tagsüber? Gab es auch unangenehme Blüten- oder Blattdüfte?«*

25. Hat mein Garten einen Igel? *»Igel sind Nützlinge im Garten: Sie fressen Schnecken, Engerlinge und Würmer. Alles was sie brauchen ist eine ungestörte Ecke mit Laub und Ästen.«*

26. Was färbt die Rote Rübe rot? *» Der rote Farbstoff der Roten Rübe sind Betalaine. Diese sind in den Zellen gelöst. Ein anderer Farbstoff ist jener von Rotkraut: Hier färben Anthocyane. «*

27. War die Einteilung der Beete optimal? *»Waren die Beete nicht zu breit oder zu wenig breit? Sind alle Stellen leicht zu bearbeiten? Kann man eine Fruchtfolge einhalten? Habe ich einmal Lust auf Abwechslung?«*

28. Schon die erste Kürbissuppe gekocht? *»Kürbis ist ein super Babybrei: kochen, pürieren, ein kleiner Schuss Sonnenblumenöl, fertig. Für die Großen darf es ein bisserl würziger sein: Ingwer, Chili, Kreuzkümmel ... Der Würzphantasie sind kaum Grenzen gesetzt.«*

29. Sind die Chicoréewurzeln noch im Garten? *»Jetzt ist es Zeit sie auszugraben. In einem dunklen, kühlen Keller einlagern, bis sie nach Weihnachten zum Treiben in Kübel gesetzt werden.«*

30. Sind die Zuckerwurzeln schon geerntet? *»Nach der Ernte der Zuckerwurzeln die Stöcke mit den jungen Sprossen als Pflanzgut für das nächste Jahr im Keller kühl einschlagen.«*

31. Wo lagere ich Sellerie und Pastinake ein? *»Gut eignet sich eine mit Kokosfasern und Hobelspänen gefüllte Wanne, die man in den Keller stellt. Gute Erdkeller kommen auch ohne diese Hilfsmittel aus.«*

November

Zwei neue Apfelbäume und eine **Eberesche** gepflanzt – Am liebsten würde ich die vielen leckeren Speisekürbisse, die nun zur „Zierde“ vor den Häusern arrangiert sind, aus den Vorgärten stibitzen; der erste Frost wird sie zu grauslichen Gatschhaufen zusammensacken lassen – **Herbstrüben** ernten – Die Tontöpfe, die im Freien bleiben, bekommen eine Wärmedämmung und werden mit alten Kaffeesäcken ummantelt – Der Nussbaum hat nun alles Laub verloren, das kommt heute auf einen eigenen Komposthaufen – **Dahlienknollen** im Erdkeller **einwintern**; heuer beschrifte ich die Stöcke mit ihren Sortennamen, damit wir nächsten Sommer keine Farbkombinations-überraschungen erleben – Das kleine Dach aus Holzlatten und einer kleinen Scheibe Plexiglas über die **Petersilie** bauen, dann können wir noch weiter ernten – **Vogelhaus** vom Dachboden geholt und in den Birnbaum vorm Fenster gehängt; mit dem Befüllen warten wir noch, bis der erste Schnee kommt – Den Einmachgläsern im **Keller** einen Besuch abstatten, ältere Gläser im Regal nach vorne sortieren; zwei Gläser der köstlichen Marillenmarmelade sind leider undicht geworden; das nächste Jahr verwende ich nur neue Deckel! – Wir bekommen jede Menge Kraut-köpfe geschenkt, ich lagere sie in Kisten am Dachboden

Habanero, rot

1. Sind die Zwiebeln frostsicher gelagert? *»Die getrockneten Zwiebeln spätestens jetzt frostsicher einlagern. Gut eignen sich auch Dachböden oder Garagen, eventuell mit einer Decke abdecken.«*

2. Brauchen die Johannisbeeren noch einen Rückschnitt? *»Gärtnerinnen und Gärtner, die zum ersten Mal schneiden, können auf den Laubfall der Johannisbeeren warten, dann ist das Strauchgerüst besser erkennbar.«*

3. Welches Gemüse kann im November gesät werden? *»Im November können bereits einige Gemüse gesät werden, die dann im Frühling loskeimen, sobald es ihnen passt: Salat, Karotten, Spinat, Lauch. Ihr Wachstumsvorsprung beträgt dann im Frühjahr ca. drei Wochen.«*

4. Sind die geernteten Bohnensamen gesund? *»Oft werden Bohnenpflanzen von Bohnenkäfern befallen. Die gereinigten Bohnen sorgfältig auf Schlupflöcher untersuchen. Finden sich löchrige Bohnen, das gesamte Saatgut gut trocknen und einfrieren.«*

5. Gibt es noch Wurzelgemüse im Garten? *»Wenn der Boden feucht-nass ist, das Wurzelgemüse nach der Ernte kurz oberflächlich abtrocknen lassen. Erst danach in den Keller einlagern.«*

6. Soll Kraut im Keller eingelagert werden? *»Auch hier: Krautköpfe sollten trocken geerntet werden. Falls dies nicht möglich ist, die Köpfe 1–5 Tage an einem kühlen und trockenen Ort verkehrt aufhängen und trocknen lassen. Erst danach einlagern.«*

7. Wann sind heuer die meisten Niederschläge gefallen? *»War das Jahr ausreichend feucht oder musste oft bewässert werden? Hat der Hausbrunnen ausreichend Wasser oder muss er tiefer geschlagen werden? Oder soll für das nächste Jahr eine Regenzisterne angeschafft werden?«*

Paprika ‚Amaryllis'

8. Nimmt der Mond ab oder zu? *»Der zunehmende und abnehmende Mond gibt den wichtigsten Rhythmus für das Pflanzenwachstum vor. Der zunehmende Mond regt das Blattwachstum, der abnehmende das Wurzelwachstum an.«*

9. Verstecken sich noch Früchte in meinem Garten? *»Beim Abräumen des Gartens entdeckt man oft noch Kürbisfrüchte, die bislang unentdeckt geblieben sind.«*

10. Sind Gemüse Lebens- oder Heilmittel?

11. Sind alle Wurzelgemüse im Keller eingewintert? *»Die meisten Wurzelgemüse würden den Winter auch im Freien überdauern. Topinambur, Wurzelpetersilie, Schwarzwurzel und Pastinake können in der Erde bleiben.«*

12. Ist eine Erdmiete für meinen Garten sinnvoll? *»Wer keinen guten Keller hat, kann Wurzelgemüse in einer Erdmiete einlagern. Gut eignen sich alte Waschmaschinentrommeln – am besten sogenannte Oberlader. Sie werden bis zum Deckel eingegraben. 20–25 cm dick mit Stroh oder Heu abdecken.«*

13. Soll ich die abgeernteten Beete umstechen? *»Diese Frage scheidet die Gartengeister: Das Wenden des Bodens unterdrückt Unkrautbewuchs. Nichtwendende Bodenbearbeitung schont das im Biogarten wichtige Bodenleben. Am besten beides ausprobieren.«*

14. Ob ich die Beete umsteche, kann ich mir ja noch überlegen? *»Wenn man oder frau sich für das Umstechen entscheidet, dann jetzt. Im Frühling entweicht dadurch die Bodenfeuchtigkeit zu rasch.«*

Karotte ‚Purple Dragon'

15. Ist das Staudenbeet fertig für den Winterschlaf? *»Das Blühen auf den Staudenbeeten ist nun endgültig abgeschlossen für dieses Jahr. Vergilbtes Kraut und Unkraut entfernen, den Boden auflockern und grob liegen lassen.«*

16. Wie duften die Karottensamen? *»Frisch geerntete Karottensamen haben einen würzig-aromatischen Duft. Vor allem beim Reinigen des Saatguts entweichen wohlduftende Aromawolken.«*

17. Sind alle Samen gut ausgereift? *»Unausgereifte Samen sind nicht keimfähig, schlecht ausgereifte Samen haben keine hohe Keimkraft. Gut ausgereifte Samenkörner können dann im Frühjahr zügig keimen.«*

18. Ist der November heuer nebelig?

19. Zeit für die Aussaat von Keimsprossen? *»Draußen gibt es gerade nichts zu ernten. Aber in der Wärme der Wohnung kann ein Keimsprossengarten gesät werden: Radieschen, Alfalfa, Soja, Senf…«*

20. Sind alle geernteten Samen gereinigt und verstaut? *»Das gereinigte Saatgut gut beschriften: Erntejahr, Kulturart und Sorte vermerken, eventuell auch besondere Eigenschaften oder Auslesekriterien. An einem kühlen, trockenen und dunklen Ort lagern.«*

21. Sind alle Stauden zurückgeschnitten? *»Sollen die getrockneten Fruchtstände auch im Winter eine Zierde sein, bis auf den Frühling warten.«*

Tomatillo ‚Purple'

22. Was war die schönste Blüte des letzten Sommers? *»Die knallig bunte Dahlie, die zarten Lippenblüten des Rosmarins, die tiefblauen Trichterwinden, die purpurnen Blüten der Helmbohnen ... oder ist jede auf ihre Art die schönste?«*

23. Gibt es Fröste, aber keinen Schnee? *»Bei Kahlfrösten Wintersalate, Vogerlsalat und Cardy locker abdecken.«*

24. Wann habe ich zum ersten Mal gegärtnert? *»Habe ich bereits als Kind ein Beet gehabt? Oder erst nachdem ich selber Kinder hatte? Oder erst in der Pension?«*

25. Träumt mein Garten schon vom Winter?

26. Wer ist der älteste Gärtner, den ich kenne? *»Oder die älteste Gärtnerin? Vielleicht ist Zeit für einen Besuch? Was konnen sie von Sorten, die sie früher angebaut haben, erzählen?«*

27. Wann war der wärmste Sommertag?

28. Habe ich die Erdmandeln schon verkostet? *»Erdmandeln entwickeln erst einige Zeit nach der Ernte ein intensives Aroma. Frisch knabbern oder leicht anrösten und genießen. Wer sie heuer nicht im Garten geerntet hat: Erdmandelflocken gibt es auch im Bioladen zu kaufen.«*

29. Wie soll der Garten nächstes Jahr aussehen? *»Größer oder kleiner, will ich einen Baum umschneiden oder einen neuen pflanzen, sollen ein Schwimmteich oder ein Gewächshaus dazukommen, mehr Blumen oder mehr Gemüsebeete, ein neuer Sonnenschirm wäre auch super …«* __________

30. Ist das Saatgut mäusesicher verwahrt? *»Für einen Samengärtner oder eine Samengärtnerin ist es ein Albtraum, wenn sich Mäuse über die Saatgutvorräte hermachen. Mäusesicher sind verschlossene Glasgefäße oder Blechdosen.«*

31. Könnte das Gartenjahr viel länger dauern? *»Oder freue ich mich über eine Winterpause?«* __________

Dezember

Genügend Zeit, um das lange gewünschte große **Gewächshaus** auszusuchen, das im nächsten Jahr unsere Aktionsmöglichkeiten im Garten vergrößern wird: Schön, praktisch und günstig soll es sein; noch bin ich nicht fündig geworden – Die letzten Karotten ernten und im Keller einschlagen – Kirschzweige für die Vase schneiden – Das Glas fürs Keimen der **Gemüsekeimsprossen** im Keller suchen – Die hohen Ziergräser zusammenbinden; nun sehen sie aus wie kleine Palmen – Ob heuer ein strenger Winter wird? – Oje, in der Nähe der Saatgutvorräte haben Mäuse ihre Spuren hinterlassen; ich kontrolliere, ob auch alles Saatgut in den mäusesicheren Blechdosen gut versorgt ist – Bei der Gelegenheit **sortiere** ich gleich die **Saatgutvorräte**; viele Mitbringsel von verschiedenen Reisen, die schon Jahre zurück liegen; ich hebe die Packungen als Andenken auf; von einigen Sorten werde ich einen Keimtest machen – Einen lustigen Artikel über Schnittknoblauch auf der Fensterbank als Winterschnittlauch gelesen, Aussaat wird gleich ausprobiert – Wir essen die letzten frischen Paradeiser: Die grün geernteten **Fleischparadeiser** sind nun gut nachgereift und schmecken köstlich – Der Boden ist nicht gefroren und es ist ein sonniger Gartentag: Bei der Gelegenheit verstellen wir das Schutzdach für die Paradeiser auf das neue Beet, auf dem wir im kommenden Jahr die Paradeiser anpflanzen werden – Die Hecke vorm Haus wird stark zurückgeschnitten

‚Gelbe Johannisbeere' ‚Gelbe Dattelwein', ‚Bulgarische Fleischparadeiser' und andere

1. Freuen sich die Vögel schon über ein gut gefülltes Vogelhaus? *»Welche Vögel besuchen das Vogelhaus? Zu welcher Tageszeit kommen sie? Welches Futter fressen sie am liebsten? Wie viele Vogelarten sind heuer schon gekommen?«*

2. Was bedeutet mir mein Garten? *»Rückzugsort vor der Alltagshektik, Freiraum, frisches Gemüse, Seele baumeln lassen, Kindergarten, grüne Oase, viel zu viel Arbeit …«*

3. Zeit für ein Gartenseminar? *»Der Winter ist auch die Zeit für Vorträge und Seminare. Arche Noah bietet Seminare zum Thema Saatgutgewinnung und zu Anbau und Nutzung von Kulturpflanzenraritäten an. Aktuelle Termine unter www.arche-noah.at«*

4. Ist im Vorratskeller alles in Ordnung? *»Faule Früchte aussortieren und am besten Obst und Gemüse laufend verarbeiten. Die nächste Ernte kommt bestimmt.«*

5. Gibt es Gartenwerkzeug, das repariert werden muss? *»Jetzt ist Zeit zum Schärfen, neue Stiele Einsetzen, Flicken, Ölen …«*

6. Bringt der Nikolaus ein Gartengeschenk? *»Ein Gartenbuch, einen neuen Gartenzwerg, ein Glas Marillenmarmelade, ein Glas Quittenchutney, ein Sackerl getrocknete Hauszwetschken …«*

7. Brauche ich im Garten noch ein schattiges Plätzchen? *»… zum Beispiel für die Mittagsschläfchen?«*

Blühende Artischocken ‚Green Globe'

8. Zeit für ein Gartenbuch? *»Wieder einmal im Handbuch Samengärtnerei blättern. Oder im neuen Beerenbuch der Arche Noah stöbern?«*

9. Wie geht es dem eingelagerten Gemüse? *»Im Keller regelmäßig das Gemüse und die Samenträger kontrollieren und bei trockenem Wetter lüften.«*

10. Was wünschen sich Gärtnerinnen und Gärtner zu Weihnachten? *»Gutes Gartenwerkzeug ist ein tolles Geschenk, das meistens gar nicht so leicht erhältlich ist. Eine Pendelhacke muss man meist via Internet bestellen. Die praktischen und soliden Kupfergeräte ebenso: www.kupferspuren.at«*

11. In welchem Monat gab es heuer die meisten Niederschläge?

12. Welches Gemüse setze ich nächstes Jahr aufs Paradeiserbeet? *»Lange Zeit galt die Regel, dass man auf einem Beet über viele Jahre Paradeiser setzen kann. Mit dem massiven Auftreten der Krautfäule wurde diese Regel obsolet. Auch hier gilt: Fruchtfolge einhalten. Wie wär's mit Salat im nächsten Jahr?«*

13. Ist der Boden gefroren? *»Wenn nein: Topinambur und Pastinake können frisch aus dem Boden geerntet werden. Vorausgesetzt es haben sich die Wühlmäuse nicht in der Zwischenzeit daran gelabt.«*

14. Wie viele Gärtner hat mein Garten? *»Regenwürmer lockern die Erde, Nützlinge vertilgen Schädlinge und ein Eichhörnchen hat eine Nuss vergraben und so einen neuen Baum gesetzt. Danke an die Helferlein!«*

Rote Rüben ‚Wiener Lange Schwarze'

15. Gibt es Kahlfröste? *»Empfindliche Kräuter wie Rosmarin mit einem „Vliesschal“ schützen oder ausgraben und in einem kühlen, sonnigen Raum überwintern.«*

16. Habe ich im Garten bequeme Sitzmöbel? *»Eine schöne Gartenliege wär ein feines Weihnachtsgeschenk; nur gibt es jetzt noch keine Auswahl ...«*

17. Wie hat mein Garten im Juli ausgesehen? *»Welches Gemüse war im Juli erntereif? Welche Blumen haben geblüht? Welche Krauter habe ich geerntet? Musste ich oft gießen?«*

18. Lust auf noch mehr Büchertipps? *»Eine Fundgrube für leidenschaftliche Gärtnerinnen und Gärtner ist das Buch „Bekannte und vergessene Gemüse“ von Wolf-Dieter Storl. Auch Jürgen Dahl's Gartenbuch „Der neugierige Gärtner“ ist wärmstens zu empfehlen.«*

19. Wo kann ich nächstes Jahr einen neuen Komposthaufen aufsetzen? *»Ein Komposthaufen soll auf einem gewachsenen Untergrund – nicht auf Beton – aufgesetzt werden, damit Regenwürmer und andere Kleintiere einwandern können. Er soll auch gut beschattet sein.«*

20. Welche Gärten möchte ich nächstes Jahr besuchen? *»Gärten wandeln ihr Gesicht von Jahr zu Jahr. Bereits bekannte Gärten können beim nächsten Besuch – vielleicht zu einer anderen Jahreszeit – ganz anders aussehen.«*

21. Platz für ein Kinderbeet? *»Viele Kinder gärtnern gerne. Sie wollen ihre Vorstellungen selbst umsetzen. „Einsteiger-Gemüse“ sind Radieschen und Paradeiser. Auch die Hiobsträne eignet sich für den „Kindergarten“: Die Samen lassen sich leicht ernten und zu Ketten fädeln.«*

Vielfalt Wurzelgemüse: Erdäpfel ‚Cyklamen', ‚Linzer Rose', ‚Barbara', Gelbe Rübe ‚Lobericher', Pastinake, Karotte ‚Rodelika'

22. Habe ich meine Gartenerfahrungen an andere weitergegeben? *»Gartenwissen ist meist Erfahrungswissen, das von Gärtnerin zu Gärtner oder Gärtner zu Gärtnerin weitergegeben wird. Der Wissensschatz älterer Gärtnerinnen und Gärtner ist ein Goldschatz.«*

23. Sind Feldmäuse mit Leseratten verwandt? *»„Wenn Du einen Garten hast und eine Bibliothek, so wird Dir an nichts fehlen", meinte einst Cicero. Die langen Sommerabende dem Garten, die langen Winterabende den Büchern.«*

24. Welcher Gartenschatz kommt heute auf den Weihnachtstisch? *»Die eingelegten Paprika, das Kompott der Andenbeere, köstliche Bratäpfel oder die Haferwurzeln?«*

25. Habe ich heuer Saatgut im Garten geerntet? *»Ist das alles schon gut versorgt? Die Saatgutpackerl gut beschriften: Sorte und Erntejahr sind die wichtigsten Infos.«*

26. Welche Farben hat mein Garten im Winter?

27. Lust auf Chicorée? *»Chicorée einfach im Haus kultivieren: Die Wurzeln in einen mit Erde gefüllten Eimer setzen. Den Kübel warm (20–25°C) und dunkel stellen. Nach ein paar Wochen können die Chicoréepfeifen zum ersten Mal geerntet werden.«*

28. Ist das Gemüsesaatgut noch keimfähig? *»Wer sich nicht sicher ist, kann eine Keimprobe machen: Samen zwischen Tücher legen, befeuchten und warm halten. Die Anzahl der gekeimten Samen mal 100, geteilt durch die Anzahl der aufgelegten Samen, ergibt die Keimrate.«*

29. Zeit für ein Gartenresümee? *»Was waren die Highlights des heurigen Gartenjahres? Welche Gemüse sind besonders schön gewachsen? Wo gab es Misserfolge? Was will ich im nächsten Jahr anders machen?«*

30. Ist weiß meine Lieblingsfarbe? *»Wie wäre es mit einem weiß blühenden Staudenbeet: weißer Rittersporn, Anemone-Japonica-Hybriden, Weißer Phlox, weiße Pfingstrosen, die weiße Duft-Funkie oder der duftende Staudenholunder.«*

31. Ein gutes neues Gartenjahr!

Samenstand der Haferwurzel

Jänner

März

April

Mai

Juni

August

September

Oktober

November